現役東大生が教える「ゲーム式」暗記術

西岡壱誠
Nishioka Issei

ダイヤモンド社

はじめに

「先生、僕ってずっとこのままなんでしょうか」
　いじめられっ子の私は、そんな風に先生に尋ねました。

　創立以来、東大合格者ゼロの、無名の中高一貫校。そこの落ちこぼれが、私でした。
　偏差値35。中学の成績はビリ。三者面談で「このままなら進級できないぞ」と4時間怒られ、クラスメイトからはいじめられて。
　そんな、なんの取り柄もない、テレビゲームが好きなただの凡人。それが、私でした。

　「先生、僕ってずっとこのままなんでしょうか」
　中学3年生の私は、泣きながらそんな風に先生に尋ねました。
　「このままバカにされて、いじめられて、そんな風にして一生、生きていかなきゃならないんでしょうか」
　すると、先生はこう言いました。
　「東大に行け、西岡」
　東大なんて夢のまた夢。ひょっとしたら日本で一番東大から遠いかもしれない凡人に対して、先生はそう言いました。
　「勉強して、努力して、東大に行くといい。そして、今までお前のことをバカにしてきたやつを、見返してやれ」

　「東大に行って、世界を変えてこい」

はじめに

　それから４年。
　その言葉だけを頼りに、その約束を果たすためだけに東大を目指した私は。
東大に、合格できませんでした。
　それも、２回。２回挑んで、２回とも不合格でした。

「ああ、もう、これは無理なんだろうな」
　周りの友達で東大に受かったのはみんな開成や麻布などの名門校出身の、元から頭のいい天才肌の人間。
「無名校の落ちこぼれ、凡人の僕じゃ、元から敵うはずがなかったんだな」
　そんな風に考えて、諦めようとしたその時に、先生の言葉を思い出しました。

『東大に行け、西岡』
『東大に行って、世界を変えてこい』

「……ああ」
　これでもし、自分が諦めたなら『僕はずっとこのままなのか』と泣いていた、あの時の自分と、何も変わらない。
「きっと僕は、ここで諦めたら、『それでも東大に行きたかった』って言って、また泣くんだろうな」
　それは、絶対に嫌でした。

でも、現実的には、その時の私の状況は、東大をもう一度目指せるものではありませんでした。
　勉強が大嫌いなのに無理して頑張ってしまったツケで、受験ノイローゼ状態。教科書を見るのも、ペンを握るのすら嫌だと感じ、吐き気すら覚えました。加えて、2年間頑張って覚えた知識も、どんどん忘れていく始末。今までの勉強の内容を、もう一度一から暗記しなければならない、そんな状況でした。

　特に暗記は大嫌いでした。単調で、覚えた気になってもすぐ忘れる。その上、覚える量も膨大。記憶力なんて元からよくない自分は、もう1年がんばったって、東大を目指すために必要な情報量すべての暗記なんて、到底できるとは思えませんでした。
「ああ、勉強が、暗記が、ゲームだったらよかったのに」
　ゲームだったら何時間でも没頭できるのに。
　ゲームだったら暗記の何倍も楽しめるのに。
　現実逃避ぎみにそう呟いて、私はこう考えました。

「辛いだけの暗記は、もう疲れた」
「こうなったら、とことん楽しい暗記をやってやろう。**そうだ、いっそゲームみたいに暗記しよう**」

　そうして私は**「ゲーム式暗記術」**を作り出し、実践しました。
　この方法を駆使したことで、まず大嫌いだった暗記が楽しくな

りました。楽しくなると、今まで暗記できなかったような分量を暗記できるようになり、そうすると必然的に成績が上がっていきました。するとさらに勉強が楽しくなって……気づいた時には私の成績は急上昇。**無名校のビリだった自分が、東大模試で全国4位**になっていたのです。

　そして、**このゲーム式暗記術のおかげで、念願の東大に合格し、私はやっと約束を果たすことができたのです。**

「先生、受かりました！」私は合格発表を見て真っ先に先生に電話しました。
「あー、西岡、お前とうとうおかしくなったか」と先生は返しました。
「なんでですか違いますよ！　というか、ここは温かく『よかったね』って返すところでしょ！」と言って、先生も私も笑いました。

　その後、私はすぐに先生と会いました。
「よかったな」
　先生は、私にそう言いました。
「そうですよ、はじめからそう言ってください」
「ははは、ごめん」

　そんな風に笑いあって、私は自分のやった「ゲーム式暗記術」

について先生に説明しました。
「この『ゲーム式暗記術』のおかげで、僕は合格できたんです」
と。
　すると先生はこう言いました。
「勉強は、生涯を通してやっていかなければならないことだ。大学に入学した後でも、社会に出てからでも、学ばねばならないことはたくさんある。一生、勉強とつき合っていかなければならない。特に暗記は、その中でも最たるものだ。学んで、覚えなければ何の意味もないからな。

　だからこそ、**『勉強を、暗記を楽しくできるか』**と**『勉強を、暗記をつまらないとしか思えないか』**とでは雲泥の差だ」
「その通りですね」
　と、私は後者だった時のことを思い出しながら答えました。

「でも、お前が考えた**『ゲーム式暗記術』**なら、どんな人でも楽しく暗記できるようになる。楽しく学びながら、成績もあげられる。これは、すごいことだ。お前は、『ゲーム式暗記術』で、約束通り、お前の世界を変えたんだ」
　その言葉は、約束を果たすことを目標にしていた自分にとって、他のどんな言葉よりも嬉しい言葉でした。私は、約束通り、私の世界を変えたのです。

「西岡、今度はお前が、他の人の世界を変える番だぞ」

先生は唐突に、そんな風に言いました。
「お前の『ゲーム式暗記術』は、きっとお前以外の人の世界も変える力を持っている。受験生でも、社会人でも、勉強で、暗記で、困っている人はたくさんいるはずだ。だから、そんな人たちのために、本を書いてみないか？」

　約束を果たしたと思ったら、またそんな風に新しい約束を持ちかけられてしまいました。
「……東大に受かるよりも難しそうですが、わかりました。やってみせます！」
　そんな新しい約束を、自分はまた結ぶことにしました。
「大丈夫だ、**偏差値35の人間が東大に受かるのよりは楽だよ**」
「そりゃ、その通りですね」
　そう言って、また２人で笑いました。

　これが、この本を書こうと思ったきっかけです。

「がんばってもなかなか暗記できない。記憶力なんてまるで無い。そもそも、勉強も暗記も大嫌いだ」
　そんな人にこそ、私の「ゲーム式暗記術」を伝えたいのです。
　なぜなら、私もそういう類いの悩みを抱え、苦しんだ過去があるからです。

「記憶力が無いから、覚えた気になってもすぐ忘れちゃう」
「テストで『これ1回やったことあるな!』と思い出すことはできるけれど、肝心の答えが出てこない」
「暗記しなければならない分量が多すぎて、まったくやる気が起きない」

そんな苦悩を、苦労を、苦痛を、私は知っています。
だからこそ、この本を読んでくれたすべての人に、そうした「苦しさ」からおさらばしてもらいたい。
おさらばして、あなたの世界を変えてもらいたいのです。
私が私の世界を変えたように、**あなたの世界も、この「ゲーム式暗記術」で、**変えてみませんか?

この本のタイトルは『現役東大生が教えるゲーム式暗記術』。
この暗記術は、どんなに記憶力が悪くても、どんなに頭が悪いと言われている人間でも、そんなこと一切関係なく実践できます。私だって凡人です。無名校出身で2浪の、元偏差値35の落ちこぼれでも結果を出せた勉強法。はっきり言って、私のような凡人にできて、読者のみなさんに実践できない道理はありません。

この「ゲーム式暗記術」が、きっとみなさんの世界を、人生を変えてくれます!

CONTENTS

超カンタンなのにあっという間に覚えられる！
現役東大生が教える「ゲーム式」暗記術
目　次

STAGE 0 「ゲーム」で誰もが暗記の達人になれる!

INTRODUCTION

そもそも「ゲーム式」暗記術ってなんなの? …… 20

ゲーム式意識改革! 暗記に必要な知識とは? …… 24

ゲーム式暗記術に「ご褒美」は欠かせない …… 28

まずはゲーム式暗記術入門編!
ウォーミングアップ暗記ゲーム! …… 33

STAGE 1 現役東大生が教える「ゲーム式」暗記術〈初級編〉

一番効果的なゴロを目指せ!「語呂合わせコンテストゲーム」 …… 40

飽きることなく暗記だ!「ひとやすみ暗記ゲーム」 ………………… 47

カードゲームしながら単語を覚えよう!
「単語神経衰弱/ババ抜き」 …………………………………… 54

英熟語はこうやって覚えよう!「英熟語ポーカー」 ……………… 63

暗記に必要なのは『負の感情』!?「暗記復讐帳ゲーム」 ………… 72

イラスト化すると暗記力がグーンと上がる!
「イラストコンテストゲーム」 ………………………………… 78

COLUMN「友達がいると暗記が捗る」? ……………………………… 84

STAGE 2 現役東大生が教える「ゲーム式」暗記術〈中級編〉

通勤時間を有効活用!「単語マジカルバナナ」……………… 90

復習は予習と同時に行う!?「予復習カウントゲーム」……… 98

超実践的!試験で点を取れる暗記!「作問コンテストゲーム」…… 104

参考書や問題集、模範解答にダメ出しだ!
「『なんでやねん』ゲーム」……………………………………… 112

漢字の参考書を使って英単語の暗記!?
「漢字⇔英語トランスレイトゲーム」…………………………… 119

カラフルさこそ暗記の秘訣!「カラーリングノートゲーム」…… 127

COLUMN ちょい技! 復習週間ゲーム!……………………… 137

STAGE 3 現役東大生が教える「ゲーム式」暗記術〈上級編〉

どれぐらい頭に入ったかな?「メモリーチェックゲーム」……… 142

単語帳をオリジナルに改造!
「自分だけのスーパー単語帳改造ゲーム」 ……………………… 149

3日後のあなたと、真剣勝負!「タイムカプセル暗記ゲーム」…… 157

ひっかけ問題に強い暗記を!「ひっかけ問題作成ゲーム」………… 164

「速読」では暗記できない!?
「遅読(スローリーディング)ゲーム」……………………………… 171

あなたの好きな歌は、アニメは、ドラマは、英語だったらどうなるの?
「トランスレーター体感ゲーム」 ………………………………… 177

COLUMN「暗記ナビゲーション」! ……………………………… 185

STAGE 4 現役東大生が教える「ゲーム式」暗記術〈応用編〉

4択問題必勝法!! 「4択問題間違い探しゲーム」……… 192

英語長文も評論文も第1段落ですべて決着!?
「1パラオンリー推論ゲーム」……… 197

あなたは賛成? 反対? 「英作文賛否両論ゲーム」……… 206

これでどんなゲームにも勝てる!? 「勝率計算ゲーム」……… 215

一つの問題にたくさんの解答!? 「別解サーチゲーム」……… 227

どんな勉強も意見と意見のぶつかり合い!?
「セルフディベートゲーム」……… 233

おわりに
絶望を吹き飛ばせ! 「七転び八起きゲーム」……… 242

「ゲーム式」暗記術 フローチ

何から暗記すればわからない人は使ってみよう!

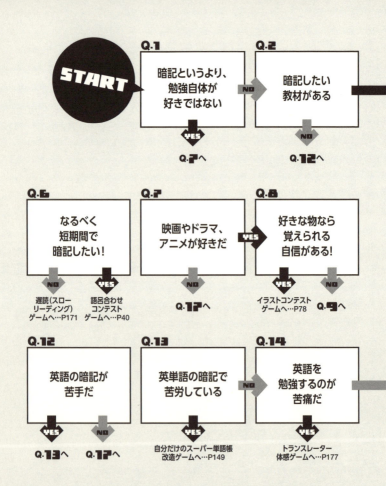

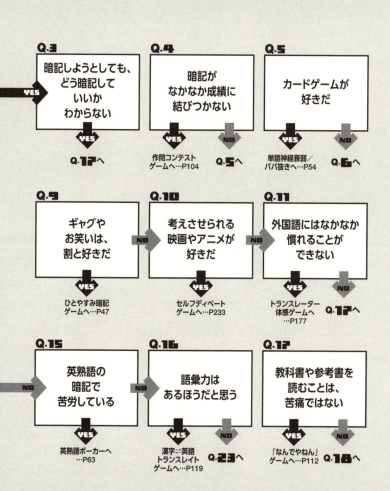

「ゲーム式」暗記術 フローチャート

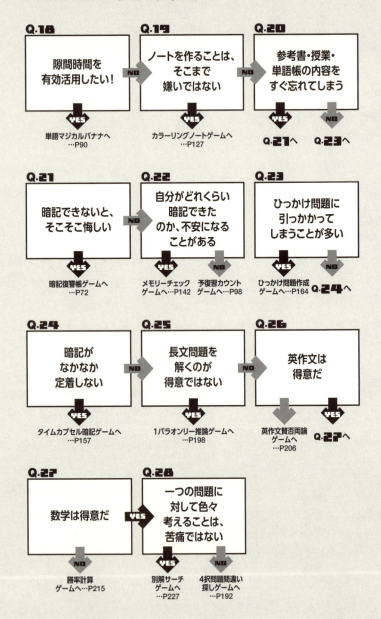

STAGE

0

INTRODUCTION

「ゲーム」で誰もが暗記の達人になれる！

SHOKYU
CHUKYU

JOUKYU
OUYOU

INTRODUCTION

そもそも「ゲーム式」暗記術ってなんなの?

「そもそも、ゲーム式暗記術ってなんなの?」「何がゲームなの?」と疑問に思う人も多いのではないでしょうか。まずはそれにお答えしたいと思います。

例えばです。普通、みなさんは「健康のために毎日ウォーキングをしよう!」と思って、それが実践できるでしょうか? 思い立ってもなかなか、毎日実践するのは難しいですよね。そこになんらかの「面白味」がないと、三日坊主になりがちです。

しかし最近、毎日外に散歩に出かける人々が急増しています。『ポケモン GO』の影響です。スマホアプリの『ポケモン GO』のおかげで、単純な散歩に「外に出てポケモンを GET する」というゲーム性が付与されて、毎日楽しくウォーキングをする人々が増えたわけです。

「ゲーム式暗記術」も、これと同じです。**暗記の何が大変かって、「つまらない」ってことではないでしょうか**。同じようなものを、たくさん頭に入れる、というその単純な作業が、特に面白味を含んでいないからこそ、面倒臭く感じてしまう。そこで、単純な暗記に「ゲーム性」を付け加えれば、暗記が楽しくなるとは思いま

せんか？　暗記が苦手だとか、暗記が嫌いだという人でも、無理なく暗記が実践できるようになるのではないでしょうか。

「単純でつまらない暗記に、ゲーム性を取り入れて面白くしたもの」。これが、ゲーム式暗記術なのです。

　その上で、このゲーム式暗記術には、もう一つ重要なポイントが含まれています。それは、**「試験で点が取れる暗記術」**だということです。学生であれば受験で、社会人であれば資格試験などで、点が取れるような暗記術です。

　暗記というのは、ただただ丸暗記していればいいものでしょうか？　参考書に書いてあった単語を、意味もわからないままに暗記していけばそれでいいものでしょうか？　きちんと、単語であればその意味を理解しつつ、試験で問われそうな単語を取捨選択しながら、行うべきではないでしょうか。

　また、一つの単語とその意味だけを丁寧に一つずつ暗記していく必要があるのでしょうか。英単語であれば、「happy（幸福な）」とその名詞形「happiness（幸福）」のように、一つの単語でも、派生した言葉だったり意味が似ている言葉や反対の意味の言葉など、関連した言葉はたくさんあるのです。全部を分けて暗記するより、一つずつ関連させて覚えた方が暗記しやすいし、時間もかからないのは当たり前ですよね？　ゲーム式暗記術は「どうすれば暗記できるか？」「どう暗記すれば試験で点が取れるか？」を徹底的に考え抜いた末にできたもの。**「暗記の効率が良くなる**

テクニック」「試験で点が取れる暗記テクニック」**が、随所にちりばめられて、ふんだんに使われているのです。

「なんだか、それって難しそう」と思った人もいるかもしれませんが、大丈夫です。「ゲーム式暗記術」は、きちんとゲームのルールがあって、ゲームクリアの条件も設定されています。そのルールに従って、ゲームをクリアできるように頑張れば、自ずと暗記できる、というものなのです。**「暗記しよう！」なんて思う必要は一切ありません。ただ、「ゲームをクリアしよう！」と思うだけで結構です。**そして、ゲームに熱くなればなるほど、暗記が可能になる。「ゲーム式暗記術」は、そういうとても簡単で実践しやすいものなのです。

　さて、でも実際の試験というのは、どうしても暗記以外にも必要となってくる力がありますね？　単語を暗記しただけで４択問題が解けるようになる訳ではありませんし、英単語を暗記するだけではTOEICやTOEFLで長文問題や英作文の問題に対応できるようになりません。こうした、「暗記以外の力」も、「ゲーム式」で養うことができます。「STAGE 4」では、こうした「暗記以外の力を養うゲーム式勉強法」を紹介しています。

　こんな風に、「ゲーム式」というのはさまざまな所で応用できる、きちんと効果の現れるものなのです。「ゲームなんてやって

て、暗記できるの？」と疑問に思う方もいるでしょうが、「ゲームだからこそ暗記できる」のです。

その上で、「このルールって難しいな」とか「ここは、自分はこうやってやる方が性に合ってるな」と思うものがあれば、それは自分がやりやすいように、自分流にアレンジしてもらって構いません。

私はこの「ゲーム式暗記術」を家庭教師として生徒に教えて実践してもらっていますが、やはり人には人のこだわりや癖があるものです。自分なりに改変して「ゲーム式暗記術」を実践した方が暗記できた、という生徒もいます。ですから、そこは臨機応変に、ルールを変えて実践してみてください。

ゲーム性があるから誰でも楽しく実践できて、それでいて効果の出る暗記術。それが、「ゲーム式暗記術」なのです。

INTRODUCTION

ゲーム式意識改革!
暗記に必要な意識とは?

　みなさんに「ゲーム式暗記術」の紹介をする前に、一つだけ覚えておいて欲しいことがあります。
　それは、**「苦労しないで欲しい」**ということです。

「え? 暗記って大変なものなんだから、苦労するのは当たり前じゃないか」と考える人も多いでしょう。実際、私も昔はそう考えていました。
　でも、違うんです。そういう風に考えること自体が間違っているんです。
　例えばです。私は東大生の友達に、よく質問することがあります。
「君は受験で、暗記で、苦労したか?」と。
　そうすると驚くことに、みんな揃って同じような答えを返すのです。
「確かに大変だったし、辛かったけど、別に苦労はしてないよ」
「努力はしたと思うけれど、苦労はしてない」

　理解していただけるでしょうか? 彼らにとって、**「苦労」**と

「努力」は全く別のものなんです。目的のために「努」めて励みこそすれ、辛くて大変なだけの、それこそ「苦」しいことを、彼らはしていないんです。

　もう一つ例を挙げましょう。塾の自習室に行くと、どこの自習室に行っても「自習室の主」と呼ばれるほどに自習室に居続ける受験生がいます。見ていて「いつからいるんだこの人」「いつ帰るんだこの人」と思うぐらい、それこそ自習室が開いてから閉まるまで、ずっと自習室に居続ける人です。
　すごい忍耐力だと思います。しかし、彼らが皆志望校に合格できるかというと、実はそんなことは無いんです。むしろ、そういう人の方が、ある「トラップ」に引っかかりやすいんです。

　それは、「自分は苦労している」という感覚で満ち足りてしまう、というものです。「人より苦労しているんだから、合格するに決まっている」と思ってしまいがちなのです。
　自習室に「居続ける」だけなら、誰だってできます。大切なのは、そこでの「時間」をきちんと有効活用し、「努力」することです。10時間単語帳をパラパラ眺めるだけでは、暗記なんてできませんよね？　それこそ、そんなの後から絶対報われない割に忍耐力が必要な「苦労」です。でも、1時間でも「暗記してやろう！」と集中して勉強すれば、分量は少ないかもしれませんが、その後からでも覚えた単語を思い出せる、報われる「努力」では

ないでしょうか?
　自習室の主は、勉強時間が人より多いがゆえに、「努力」よりも「苦労」をしてしまいがちなんです。

　はっきり言いましょう。
「人より苦労すれば結果が出る」は幻想です。
でも、「人より努力すれば結果が出る」は、真実です。

　この「苦労」と「努力」の違いは、「後から報われたか報われていないか」で、事後的に判断するものではありません。集中して効率よく、時間を無駄にせずに次に繋がるようにがんばることが「努力」であり、辛く大変な思いをしながら、時間だけをかけて次に繋がらない苦しいがんばりが、「苦労」なんです。

　その上で、もう一度言います。「苦労しないでください」。
　もっと言いましょう。「ゲーム式暗記術」は、どれも「ゲーム」として作ってあります。それは、「ゲームの方が、熱中できるから」です。「本気になれるから」です。でも、みなさんが苦しい思いをしながら、「やりたくないな」と思いながら、やる気もないままに勉強したら、たちまち「ゲーム式」は効果を発揮しなくなってしまうのです。
　やるからには、全力で。ゲームに勝ったら「嬉しい」と、ゲームに負けたら「悔しい」と、本気で思ってほしいのです。そうで

なければ、それは「苦労」になってしまうから。

　私は、「このゲーム式暗記術を何時間やれば、誰でも暗記できます」とか、そういうことを言うつもりはありません。だって、そういうことじゃないんですから。
　集中して、きちんと取り組めば、それこそ「努力」するならば、時間なんて関係無いんです。
　だから、何度でも言います。「苦労しないでください」。それでは誰も報われないんです。暗記するためには、「苦労」じゃなくて、「努力」が必要です。
　そのために、みなさんも、**「ゲーム」を楽しんでください。「ゲーム」に、熱中してください。**それが、暗記への一番の近道です。

INTRODUCTION
ゲーム式暗記術に「ご褒美」は欠かせない

さて、実際に「ゲーム式暗記術」を紹介するにあたって、先に言っておくことがあります。それは「ご褒美」についてです。

ゲーム式暗記術はゲーム形式になっているので、当然ゲームクリアとゲームオーバーがあります。そこで、ゲームクリアの報酬、すなわち「ご褒美」は、自分で設定してもらいたいと思うのです。

「『ご褒美』があるから真剣に暗記に取り組むようになる、なんて子供っぽすぎない？」と考える方もいるでしょうが、それは「ご褒美」の力を過小評価しすぎです。

「ご褒美でやる気を出せ！」というわけではありません。「ご褒美を設けることで、メリハリを持って勉強すれば、暗記の効率が上りませんか？」ということです。

例えば、どんなに素晴らしい水泳選手でも、息継ぎしないで100メートルを泳ぎきり、いい結果を出す選手はいません。それと同じで、試験に合格しようと思ったとして、ずっと暗記する必要はないし、してはいけないのです。なぜなら、ずっと気を張り続けていたら、その瞬間に暗記は『苦労』に変わるから。『努力』

するために、私たちはきちんと休まなければなりません。休んで、効率を上げなければならないのです。

そのための一つの手段が、「ご褒美」なのです。

例えばです。私の友達の受験生に、「夏は毎日自習室に行く！」と豪語した人がいました。「高3の夏は気合を入れて勉強するんだ！」と。

しかし、彼は知っていました。自分が朝から晩までずっと勉強し続けることなどできないと。

だから、彼はある『ご褒美』を設けました。

自習室が開く朝7時に塾に行き、12時まで勉強した後30分休憩し、その後18時まで勉強する。そんな風に1日みっちり勉強した後、「がんばったご褒美」として、古本屋によって1冊漫画を買う。家に帰ってご飯を食べて、その漫画を読む。そしてお風呂に入り、就寝。

この生活を、彼は一夏、やり遂げました。夏が終わり、彼の成績はきちんと上がっており、そして彼の本棚には漫画が30冊置いてあったそうな。

この話からわかる通り、ご褒美は別に「暗記のやる気を出す」ためのものではありません。「暗記のやる気を維持し、効率を上げる」ためのものなのです。

暗記というのは、短距離走ではありません。マラソンなのです。

暗記もマラソンと同じように、はじめから飛ばしすぎたりせず、まずは持続することをめざしましょう。

その**「努力」のための一つの手段が、「ご褒美」**なんです。

そんな「ご褒美」を、「ゲームクリアの報酬」として設定すれば、「ゲーム式暗記術」に熱中することにも繋がります。熱中して、没頭すればするほど、暗記ができるようになります。自分で「ご褒美」を決めると、さらに熱中できますよね。

「そうは言っても、自分でご褒美を決めるのは難しいかも」
「あまり時間がかかるものだと、暗記に支障が出るし……」
という人のために、客観的に自分にとって最高の「ご褒美」が設定できる方法をご紹介します!

ご褒美設定のやり方!

1 **まずは、自分にとってご褒美になりそうなものをピックアップし、紙に書く。**

先ほどの例で言えば、「古本屋で漫画を1冊買って読む」といった具合です。「美味しいランチを食べる」とか「5分間動画を見る」とか、軽いものでもいいですし、「好きなバンドのライブに行く」とか「映画を見に行く」とか、時間のかかるものでも構いません。とにかく、自分がうれしいご褒美候補を列挙してみま

しょう。

2 それにかかる時間・満足度を書き出す。

時間は30分なら0.5時間、90分なら1.5時間といった具合に「時間」に直して、満足度は100点満点で「このご褒美をしたら、自分はどれくらい満足できるだろう？ 楽しいだろう？」と想像して書いてみましょう。「古本屋で漫画を1冊買って読む」なら「1時間」、「70満足度」といった具合です。

3 満足度を時間で割ることで「ご褒美度」を算出し、一番ご褒美度の高いものを自分のご褒美として設定する。

「古本屋で漫画を1冊買って読む＝1時間 70満足度
70満足度÷1時間＝70ご褒美度」
「美味しいランチを食べる＝0.5時間 40満足度
40満足度÷0.5時間＝80ご褒美度」

といった具合です！
この場合、「美味しいランチを食べる」のご褒美度のほうが高いので、これが自分のご褒美になります！

おわり

こんな風に、「ご褒美度」というものを算出すれば、客観的に一番効果のあるご褒美が設定できます。時間がかかるものでも、ご褒美度が高ければその分がんばれるはずですし、そのご褒美の後も「よし！　次もがんばろう！」と英気を養うことにも繋がるのです。そうすれば、自然に「努力」することができるはずです。

　このようにご褒美を設定してから「ゲーム式暗記術」を実践してみてください！　きっと、暗記にも良い効果が出るはずですよ！

INTRODUCTION

まずはゲーム式暗記術入門編!
ウォーミングアップ暗記ゲーム!

では いよいよ、ゲーム式暗記術の説明に入っていきたいのですが、みなさんもまだ「そうは言ってもゲーム式暗記術ってどんなのなんだろう? 実践できるかな?」と不安だと思うので、「入門編」から始めてみましょう。

暗記の前の頭と心の準備に最適な、**「ウォーミングアップ暗記ゲーム」**を紹介します。

ウォーミングアップ暗記ゲームのルール

1 まずは、最近覚えた言葉のなかで、覚えにくかったものを3つ、紙に書く。

単語や用語、知人の名前でも歌や本のタイトルでも構いません。それも思い浮かばない人は、昨日の晩御飯の献立でも大丈夫です。とにかく3つ書いてみましょう。

2 その紙を裏返しにして、5分間まったく別のことをする。

本を読んでも、スマホをいじっても、他の暗記をしても、おやつを食べても構いません。紙に書いた言葉のことなんて忘れて、他のことをしてください。

3 **5分経ったら、その紙に書いた言葉3つが思い出せるかをチェックして、全部思い出せたらゲームクリア！**
何を書いたのか思い出して、きちんと3つとも思い出せるかをチェックしてみましょう。思い出せなかったらゲームオーバーです。

　できましたか？　「さあ、暗記しよう！」と思ったときにはまず、はじめにこのゲームをやってみるといいと思います。「3つだと簡単すぎる！」という人は4つ、5つ、6つと数を増やしていきましょう。

　単純ですが、こんな風に「ルール」があって「ゲーム」になっているというのがゲーム式暗記術の特徴です。**「暗記しよう」と思うのではなく、「ゲームをクリアしよう」とがんばれば、自ずと暗記できる。**そんな風に、ゲーム式暗記術はできています。
　その上で、暗記に役立つテクニックもちゃんと含んでいます。

　例えばこのウォーミングアップゲーム。一見、なんの意味もな

いゲームに見えますが、実は暗記する上で欠かせない要素を含んでいるんです。

　ここで少しだけ、脳の話をさせてください。脳科学者の本によると、頭の中に入れた新しい情報は、一度脳の中の**「海馬」**というところに送られるそうです。タツノオトシゴに似ているから、「海馬」と呼ばれます。では「ここに送られれば、忘れないの？」というと、そんなことはありません。生きていれば、どうでもいい情報も含めて、膨大な量の情報がここに送られます。そのすべてを覚えていては、脳はパンクしてしまいます。ですから、海馬くんは情報を取捨選択して、「この情報はいらないな」と思うものに関しては忘れ、「この情報は大切だ！」と思うものに関しては脳の「大脳皮質」というところに送られるのです。そして、ここに送られれば、**記憶はついに定着します。**

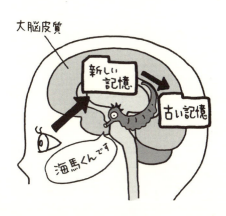

じゃあ、海馬くんはどうやって取捨選択しているのか？　それは、「この情報は何度も見ているな」と思うものを、「大切に違いない！」と考え、大脳皮質へと送るのです。つまり、**「何度も復習した事柄」を、大脳皮質へと送ってくれるということです。**

　また面白いのは、海馬くんの「大脳皮質へと送る」力は、海馬を使えば使うほど鍛えられることを、マグワイアという科学者が証明しています。つまり、海馬を使えば使うほど、暗記できるようになるのです。

　もっと面白いことに、海馬くんは感情と結びついている情報の方が大脳皮質へと送ってくれやすいそうです。「扁桃体」という、人間の快不快を判断する脳の器官が海馬の近くに存在し、それが海馬に影響を与えることが最近の研究でわかってきました。つまり、**海馬くんは「面白いな」「楽しいな」、または「悔しいな」と感じた情報を、積極的に大脳皮質へと送ってくれるんです。**

　長々と話しましたが、つまりはこういうことです。

・**復習すれば暗記できる。**
・**復習が習慣化していれば、より多くを暗記できるようになる。**
・**楽しみながらやれば、暗記できる。**

　以上の3つが、脳の働きからも証明できるんです。
　では、もう一度「ウォーミングアップ暗記ゲーム」を見てみま

しょう。短い時間で、2回同じ情報を送り、しかもゲームだから楽しみながら実践できる。まさに海馬を活性化させるしくみになっていますよね。

　いかがでしょうか？　ゲーム式暗記術は、こんな風に暗記に役立つテクニックがたくさん入っています。その上で、すべてゲーム形式になっているので、ゲームに勝った・負けたで一喜一憂できます。先ほど述べたように、感情と結びついた暗記というのは覚えやすいので、本気でゲームをやって、「ゲームクリアできて嬉しい！」「ゲームオーバーになって悔しい！」と感じれば感じるほど、暗記できるようになっているのです。

　さて、これにて「STAGE 0」は終了です。
ここからいよいよ、ゲーム式暗記術の紹介に入っていきます。どれも楽しいものばかりですから、ぜひ実践してみてください！

STAGE 1

現役東大生が教える「ゲーム式」暗記術〈初級編〉

▶ SHOKYU　　JOUKYU
　CHUKYU　　OUYOU

このステージに登場するゲーム

▷ 一番効果的なゴロを目指せ！**「語呂合わせコンテストゲーム」**… 40
▷ 飽きることなく暗記だ！**「ひとやすみ暗記ゲーム」**… 47
▷ カードゲームしながら単語を覚えよう！**「単語神経衰弱／ババ抜き」**… 54
▷ 英熟語はこうやって覚えよう！**「英熟語ポーカー」**… 63
▷ 暗記に必要なのは『負の感情』!?**「暗記復讐帳ゲーム」**… 72
▷ イラスト化すると暗記力がグーンと上がる！**「イラストコンテストゲーム」**… 78

LEVEL ★

一番効果的なゴロを目指せ!

語呂合わせ
コンテストゲーム

▶ **SHOKYU**　　**JOUKYU**
　CHUKYU　　**OUYOU**

　私が昔、sum（＝合計する）という単語を暗記しようとした時のこと。ふと、「何か語呂合わせで覚えよう！」と考えました。
「そうだな、sumだから、『サムくん』を登場させよう」
　そうして思いついた語呂合わせは、「サムくんの仕事は合計すること」というものでした。

　それから数日経って。
「あ、sumだ」
　問題集で「次の英文を和訳しなさい」という問題が出てきたとき、その英文に「sum」が含まれていました。
「ラッキー。サムくんだから『合計する』……と」
　しかし解答を見てびっくり。この英文でのsumの意味は「合計する」ではなかったのです。

「『要約する』？　これが正解なの？」
　そう、**sum**には「合計する」以外にも「要約する」という意味があるのです。ここでは「要約する」の方が正解だったのです

が、私はそれを知らずに語呂合わせ通りに解答を作って、間違えてしまったのでした。

　みなさんもこんな経験、ありませんか？　せっかく語呂合わせで覚えたのに、語呂合わせした通りには問われなくて、悔しい思いをした経験。

　語呂合わせは確かに有効です。単語でも年号でも、語呂合わせは耳に残りますから、暗記にとても役に立つと言えるでしょう。
　しかし、語呂合わせを暗記していても、試験で、または実際の会話で、語呂合わせ通りに使えるとは限りません。
　意味が２つ以上ある単語で、語呂合わせした方の意味が問われるとは限りませんよね？　語呂合わせしていない方の意味が問われることもあるでしょう。
　年号でも、同じ年に２つ以上の出来事があるとき、語呂合わせした方の出来事が問われるとは限りません。語呂合わせで覚えていない方が聞かれるかもしれません。

「なんとか、有効で効果的な語呂合わせを生み出せないものか」
「どうにかして試験で答えられるような語呂合わせを作れないかな？」

　そんな風に考える人のために作ったのが、この**「語呂合わせ**

コンテストゲーム」です。

語呂合わせコンテストゲームのルール

1 **語呂合わせで覚えたい、重要な年号・単語を選ぶ。**
覚えにくい単語や、重要そうな年号など、とにかくなんでもいいので選んでみましょう。

2 **その年号・単語に絡む情報を列挙する。**
年号であれば語呂合わせしたい出来事に関わる偉人や国の名前を、単語であれば類義語や反意語、派生語などです。とりあえず列挙してみましょう。実はこの「列挙する」という作業だけでも、かなり力がつきます。

3 **できるだけ、列挙した情報を多く絡めつつ、たくさんの情報が入った語呂合わせを考えてみる。**
年号であればその年の出来事だけでなく偉人や国を兼ね備えた語呂合わせを、2つ以上の意味がある単語ならその両方が含まれた語呂合わせを考えてみましょう。

4 **1つだけでなく、2つ以上の情報が入った語呂合わせが作れればゲームクリア！**

友達とこのゲームで勝負するときは、同じ年号・単語で何個の情報量が入った語呂合わせができたかで勝負しましょう。

ココでワンポイント!
情報量の多い語呂合わせを目指そう!

例えば、**1618年に三十年戦争が勃発**という情報を覚える時に、「広い破壊（1618年）の三十年戦争」という語呂合わせだと、情報量は1つです。

三十年戦争について調べてみると、
・ドイツが戦場となったこと
・この戦争の講和条約は1648年のウェストファリア条約であること
・この講和条約を機に神聖ローマ帝国が事実上崩壊したこと
この3つのことがわかりました。
ここで、この3つの情報を使い、
「ドイツの広い破壊（＝1618）で帝国（＝神聖ローマ帝国）の疲労死は（＝1648）っきりウェストファリア」という語呂合わせを作ることができます。
「広い破壊の三十年戦争」よりも、格段に暗記できる情報量が多いですよね？

はじめのうちはなかなか多くの情報が入った語呂合わせを作るのは難しいかもしれませんが、**まずは２つの情報の入った語呂合わせを目指してみましょう。**

　ちょっと無理があるものでも、案外自分ががんばって作った語呂合わせだと、覚えられたりするものです。

　sum という単語に「要約する」という意味もあるのだと知った後のこと。
「次は sum という単語で間違えないように、色々調べてから、もっといい語呂合わせを探してみよう！」と考えてみました。

　この sum という単語、調べてみると本当にいろんな情報が入った単語でした。

　sum の意味は「要約する」と「合計する」ですが、その他に「合計」という名詞の意味もあるので、total や amount と同義語です。

　さらに、a large sum of A で「多額の A」という意味が出てきますし、to sum up で「つまり」という意味も出てきますし、派生語の summary は「要約」という意味を持っています。そして summary は digest と同義語です。

「よし、このすべての情報を網羅する語呂合わせにしてみよう！できるだけ、たくさんの情報が１つのゴロに入るようにしなきゃ！」

　思えば、これがはじめての「語呂合わせコンテストゲーム」で

した。

その時にできた語呂合わせが次の『サムくんシリーズ』です。

> **》サムくんシリーズ**
>
> ●サム（＝ sum）くんはよーやく（＝要約する）、合計しだした。
>   〈sum ＝要約する・合計する〉
> ●サム（＝ sum）くんと樽（＝ total）の合計を数えていると、あ！ マウント（＝ amount）をとったぞ！
>   〈sum ＝ total ＝合計＝ amount〉
> ●僕と（＝ to）サム（＝ sum）くんが階段を上がる（＝ up）と人が詰まって（＝つまり）いた。あ（＝ a）！ ラージ（＝ large）サム（＝ sum）くんのオブジェ（＝ of）がたくさん（＝多額の）あるんだ！
>   〈to sum up ＝つまり　a large sum of ＝多額の〉
> ●サム（＝ sum）くんがマリー（結婚）（＝ summary）？ よーやく（＝要約）か。馴れ初めのダイジェスト（＝ digest）は僕がやろう。
>   〈sum → summary（要約）＝ digest（要約）〉

今見ると少し不自然なものも多いですが（なんでしょうね、「ラージサムくんのオブジェ」って）、しかしこの4つで、sumが持つ情報のほとんどを網羅できています。

その甲斐あって、その後英語の問題で「to sum up」の意味が

問われた時にも、「つまり」と答えることができました。

「サムくんの仕事は合計すること」とだけ覚えていたら、正解できなかったでしょう。

　こんな風に、「語呂合わせコンテストゲーム」を続ければ、たくさんの情報を暗記できるようになり、より実践的で効果的な暗記が可能になります。がんばりましょう！

> ≫ **応用編**
>
> 自分が「重要だな」と考えた年号・単語だけでなく、問題集を解いて間違えた事柄や忘れていた事項を語呂合わせにするのも、力が付きます！

LEVEL ★

飽きることなく暗記だ!
ひとやすみ暗記ゲーム

▶ SHOKYU　　　JOUKYU
　CHUKYU　　　 OUYOU

みなさん、暗記する上で**一番辛いのは、似たようなものをたくさん覚えなければならないこと**だと思いませんか？

　英単語にしろ年号にしろ、似たようなものを膨大に暗記しなければならない、というのは、すごく気が滅入ることですよね。

「単語カードを作ろう！」「ノートにまとめよう！」なんて考えても、量が多くて同じようなものばかりを処理するのはとても大変です。

　私も以前、「この2000語の単語帳で単語カードを作って覚えよう！」なんて考えたことがあるのですが、最初の300語でもう飽きて、やめてしまいました。

　そう、飽きたんです。作りはじめの時は「よーし！　頑張ろう！」というやる気にあふれていたんですが、作っているうちに単調な作業に飽き飽きして、結局やめてしまったのです。

　三日坊主、なんて言葉もありますが、みなさんも、「同じ作業に慣れて、飽きて、やめてしまった」経験、あるのではないでしょうか？

心理学において、こんな風に同じ刺激に慣れ、飽きてくることを「**馴化**(じゅんか)」と言うそうです。ヒトだけでなく、すべての動物で見られる、ごく一般的な現象です。

　つまり、**ヒトが慣れて、飽きてくるのは当たり前のことで**、別にその人が怠惰だとか飽きっぽいとか、そういうことではないんです。

　暗記は、どうしても馴化してしまうがために、つまらないし、大変なのです。

　この馴化の対極にある言葉として、「**脱馴化**」というものがあります。**新しい刺激が与えられて再び反応が現れることです。**

　例えば、みなさんが「次の写真には何の動物が写っていますか？」と質問されたとき、鳩の写真を10枚見せられたら「次も鳩だろう」と思って、だんだん飽きてきますよね？　これは、馴化です。馴化すると、写真に意識が向きにくくなります。

　しかしその次に、アライグマの写真を見せられたらどうでしょうか？　「鳩だと思っていたらアライグマだった、次は何だろう」ともう一度写真に意識が向くようになりますよね？　これが、脱馴化です。

　つまり、**同じような作業を続けるのではなく、「ひとやすみ」を入れた方が「脱馴化」して暗記できるのです。**

「つまらない暗記を、なんとか継続してできないものだろう

か?」

「単調な作業にならない、効率的で楽しい暗記はないだろうか?」

そんな風に考えて作ったのが、この「脱馴化」を利用したゲーム式暗記術、**「ひとやすみ暗記ゲーム」**です。

ひとやすみ暗記ゲームのルール

1 暗記したい単語帳やノート、そして単語カードを用意する。

単語カードは、市販の、100円前後の物で構いません。
単語カードが嫌ならノートでも大丈夫です。

2 5〜10個ほど、単語カードに暗記したい言葉を書いていく。

暗記したい言葉が答えになる問題を作ってください。
「Qこの単語の意味はなんですか?」「Qこの出来事が起きた年号は?」というような、なんの変哲もない面白みのないもので構いません。

3 5〜10個ほど作った段階で、その科目とはまったく関係のない、解いている人が驚くような面白問題を作る。

「なんだその質問は!?」「どうしてそんなことをこのタイミングで聞くんだ!?」「質問も答えもぶっ飛びすぎだ!!」と思うような、変な問題を作りましょう。はじめのうちは英語の問題の中に歴史の問題を混ぜる、というようなものでも、「昨日の晩御飯は?」のような勉強以外のことでも大丈夫です。とにかくその科目と無関係で自分が面白いと思えるものならなんでもいいです。この面白問題こそが「ひとやすみ」になり「脱馴化」のキーになります。気合いをいれて、面白いのを作りましょう。

4. 面白問題を作りつつ、単語カードを完成させられればゲームクリア！

友達と面白問題を共有するのも楽しいです。その場合は、一番ユニークな質問を作った人が勝利です。

ココでワンポイント！
その科目や作っていた問題と関連した解答を作ってみよう！

例えば、英語の授業で習った単語を暗記したい時には、「Q ancestor　A祖先」「Q ancient　A古代の」「Q answer　A答え」「Q action　A行動」「Q animal　A動物」**「Q animal hamaguchi　A気合いだ！」**と書いてみたり。

世界史で年号を暗記したい時には、「Q フランス革命は何年か？　A1789年」「Q アメリカ独立戦争は何年か？　A1775年」……と５〜10個程度独立や戦争に関する年号を聞いた後で「**Q あなたの反抗期はいつから？　A昨日から！**」と書いてみたり。

　生物ならば「Q 細胞を最初に発見したのは誰？　Aロバートフック」「Q 植物について細胞説を提唱したのは誰？　Aシュライデン」「Q 動物について細胞説を唱えたのは誰？　Aシュワン」「Q微生物を初めて観察したのは誰か？　Aレーウェンフック」と人の名前を問う問題を５〜10個程度書いた後に、「**Q ところであなた誰？**」と書いてみたり。

　こんな風に、少し関連した面白問題が作れれば、飽きてきた頭がハッとして効率アップです！

　このゲームで「ひとやすみ」になる面白問題を作りつつ暗記カードの作成を行えば、単調な作業に飽きることなく、単語カードが作れます。
「でも、そんな遊びみたいなことを挟んでいいの？」と不安になる人もいるかもしれませんが、このゲームは、単語カードを作るということ以上に単語カードを使って復習するという作業の時にこそ、活きてきます。

　一度ですべての単語・年号・用語を覚えることのできる人なんて、ほとんどいませんよね？　私もそうです。何度も何度も復習

STAGE 1　現役東大生が教える「ゲーム式」暗記術〈初級編〉

しないと、暗記なんてできません。

　しかし、問題を作る以上に、復習するというのは飽きやすいことです。
　だからこそ、復習していて自分自身がびっくりするような面白問題を混ぜておくことで、飽きることなく暗記をすることができるのです。

　ある日、私がこのゲームをやっていると友達がやってきて「何やってんの？」と聞きました。
　私がこのゲームの趣旨を説明すると、「じゃあ俺が面白問題作ってやるよ！」と言ってきました。
「ええー、お前面白いの作れるの？」と言いつつ白紙のカードを渡すと、彼は３つほど考えてくれました。
「Ｑ西岡はなぜモテないのか」
「ほっとけ！」
「Ｑ西岡の身長はどうやったら伸びるのか」
「やめて、身長が低いことを暗に示さないで！」
「Ｑ西岡はどうして後輩から敬語を使ってもらえないのか」
「そんなの僕が聞きたいよ！」
　なんて会話をして、彼は去って行きました。
「まったく、結局面白問題できてないじゃないか……」
　なんてため息をついてふと見ると、白紙だったカードの一つに

「がんばれよ」

と書いてありました。

今もそのカードは、大切にとってあります。

> **≫応用編**
>
> 慣れてきたら、面白問題入りの暗記カードをみんなでトレードして勉強してみるのも面白いです！　自分の作っていない面白問題だと、より脱馴化の効果が出ます！

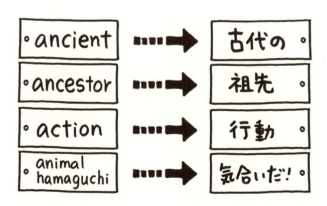

LEVEL ★

カードゲームしながら単語を覚えよう!

単語神経衰弱／ババ抜き

▶ SHOKYU　　　JOUKYU
　CHUKYU　　　OUYOU

　カードゲームは好きですか？　私は大好きです。
「神経衰弱」も「ババ抜き」も、「ダウト」も「大富豪」も、どれもこれもとても楽しいですよね。友達とやっていると、ついつい時間を忘れて遊んでしまいます。

　その上、どんな人とでも、トランプさえあれば遊ぶことができます。ルールさえ知っていれば、年齢や性別を超えて、楽しめるのです。
「人や場所を問わず、時間を忘れて興じることができるゲーム」であるという点で、カードゲームは偉大だと思います。

　それに比べて、暗記の大変さといったら無いですよね。カードゲームをしていると時間が経つのはあっという間ですが、**暗記をしようとするときの時間の経過はとても遅く感じます。**
「うぇぇ……まだ20分しか経ってないのか、5、6個しか暗記できてないし……」なんて経験、みなさんにもあるのではないですか？

「カードゲーム感覚で暗記をすることはできないかな？」

「時間を忘れて、あっという間に暗記できる方法はないか？」

そう思って、私が試行錯誤を繰り返しながら開発したのが、暗記とカードゲームを組み合わせたゲーム式暗記術、**「単語神経衰弱／ババ抜き」**です。

まず、カードとなる**暗記トランプ**の作り方です。

つくりかた

1 ルーズリーフ7枚とハサミとペンを用意し、ルーズリーフを縦に1回、横に2回折り、ハサミで切る。

2 切って作った52枚のカードのうち、ルーズリーフの穴が空いていない26枚を「日本語・意味カード」にする。

3 暗記したい単語を13種類用意し、穴が空いている方2枚に暗記したい単語を、空いていない方2枚にその日本語・意味を書く。

トランプには、同じ数字のカードがスペード・ダイヤ・ハート・クローバーの4枚あるので、同じように4枚のカードに、それぞれ同じ単語・意味を書きます。たとえば「achievement」＝「達成」という単語を覚え

たければ、穴の空いたカード2枚に「achievement」と書き、穴の空いていないカード2枚にその意味の「達成」と書いてください。

4. 混同してしまうといけないので、対応する4枚のカードにはきちんと同じ番号を書いておく。

たとえば、「achievement」と書いてある2枚と「達成」と書いてある2枚には、「1」と振り、次の単語と日本語のカードには「2」と振り、最終的に「13」まで振りましょう。これで、**暗記トランプ**は完成です！

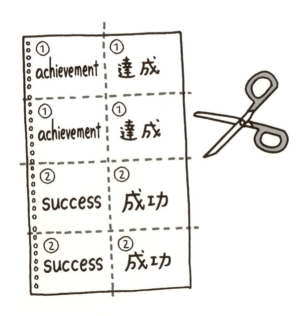

ココでワンポイント！

「暗記トランプ」は多種多様！ どんな科目、どんな内容でもOK！

　たとえば日本史・世界史なら、「年号」と「歴史上の出来事」を覚えるカードにできます。穴の空いたカード2枚に年号を、穴の空いていないカード2枚に歴史上の出来事を13種類書けば完成です。

　また、「用語」と「その用語の意味」もカードにできます。穴の空いたカード2枚に用語を、穴の空いていないカード2枚にその用語の意味を同じく13種類書けば完成です。

　同じ要領で「問題」と「答え」でも大丈夫です。穴の空いた方に問題を、穴の空いていない方に答えを書けば完成です。

　さらに、「意味が2つある単語」と「その単語の意味」なんかもカードにできます。穴の空いていないカード2枚それぞれに別意味を、穴の空いた2枚に「その2つの意味がある単語」を書けばOKです。同じように、「同義語2つ」と「意味1つ」でもできます。

　ただ、**「穴の空いていない方」が「日本語・意味」の原則だけは守りましょう。穴の空いたカードに書くのは「単語」「年号」「用語」「問題」**です。

　こんな風に、暗記トランプは科目などを問わず、作成できます。別に1つの科目で統一する必要もないですから、たくさんの科目、自分の苦手な分野を集めて作成するのもいいでしょう。

──── 注 意 ────

穴の空いた方のカードと穴の空いていない方のカードは1つにまとめるのではなく、それぞれ別々にしておいてください。普通のトランプなら1つにまとめ、1つの山札としてトランプをするのでしょうが、この【暗記トランプ】の場合には2つの山札としてトランプをしましょう（穴が空いているので、分別は楽です）。

───────────────

トランプを作るのも楽しいのですが、次はゲームの紹介です。

暗記トランプ版神経衰弱のルール

1 52枚のカードを、裏面にしてランダムに床に並べる。

2 2人以上でやる場合にはじゃんけんで順番を決め、穴の空いたカードを1枚選び、表にしてみる。
先ほど、穴の空いたカードには「単語」「年号」「用語」「問題」を書きましたね？　とりあえずこちらからひっくり返してみましょう。

3 次に、「日本語・意味」を書いた穴の空いていないカードを1枚選び、表にする。さっき表にした穴の空いたカードと対応するカードなら、そのカードのペアをゲットできる。対応しないカードなら、どちらも裏に

戻す。

暗記トランプを作成するときにわかったと思いますが穴の空いたカードと穴の空いていないカードでペアができます。穴の空いたカードを引いた後は「日本語・意味」の穴の空いていないカードを引きましょう。

4. これを繰り返し、1人の場合は全部のカードをゲットすればゲームクリア！　2人の場合は、ゲットしたカードの数で競い、数の多い方の勝ち！

穴の空いているカードと
穴の空いていないカードのペアを探す

ココでワンポイント！
穴の空いていたカードを表にした段階で、「対応する『日本語・意味』カードはなんだろう?」と考えてみよう!

　たとえば、はじめに「achievement」と書かれたカードを引いたら、「対応するカードは『達成』だな!」と考えてみましょう。

　1人でも大人数でも、この「暗記トランプ版神経衰弱」は楽しいものです。私も、最近だとドイツ語の単語を書いた「暗記トランプ」を作ってやっています。
　さて、お次は**「暗記トランプ版ババ抜き」**です。

暗記トランプ版ババ抜きのルール

1　「ババ抜き」なので、まずババを用意する。
　　暗記トランプと同じ大きさのカードを1枚、用意しましょう(穴は空いていても、いなくてもどちらでもOK)。はじめのうちは真っ白のままで山札に混ぜましょう(ババの面白い作り方は後述)。

2　まず穴の空いたカードを人数分配り、その後穴の空いていないカードを人数分配る。

3　自分の手札の中でできているペアを手札から捨てる。

対応する「穴の空いたカード」と「空いていないカード」で1つのペアです。
例えば、「achievement」と「達成」が手札で揃っていたら、手札から捨てましょう。でも、「達成」のカード2枚、「achievement」のカード2枚で揃えるのはNGです。

4 順番を決め、隣の人のカードを1枚引き、そのカードでペアができたら手札から捨てる、を繰り返す。

5 一番早く手札が無くなった人の勝利。逆に、最後までババを持っていた人の負け!

ココでワンポイント!
ババにこだわってみよう!

　ただ何も書いていないカードをババにするのもいいですが、一捻り加えるとこのゲームがもっと楽しくなります。
　例えば、私は「もったいない」と書いたカードをババにしていました。
「もったいない」という日本語は、「英語で翻訳することができない日本語」「それに対応する英単語がない日本語」です。つまり、「対応するカードが存在しない」カード、ババとして機能す

るのです。
　「英語で翻訳することができない日本語」は他にもありますね。「木洩れ日」とか、「世紀末」とか（「世紀末」は翻訳すると「end of the century」ですが、ここに「退廃的な」という意味合いは表れません）。
　私の友達は「『萌え』という日本語もババになるんじゃない？」と言っていました。こういった、自分なりのババを考えるのも面白いと思います！

　こんな風に、暗記トランプを使ってカードゲームをすれば、時間を忘れて楽しく暗記をすることができます。**1人でも大人数でも実践することができますから、みなさんもぜひ、やってみてください！**

≫応用編

カードゲームを続けていると「この単語は覚えたな」「この用語はまだ覚えられないな」と、カードの中でも暗記したものと暗記していないものが出てきます。その時は、暗記したものだけ新しいものと交換しましょう。暗記したと思ったらどんどん更新していくようにすると、新鮮味が増してゲームも楽しくなります！

LEVEL ★

英熟語はこうやって覚えよう!
英熟語ポーカー

▶ SHOKYU　　　　JOUKYU
　CHUKYU　　　　OUYOU

みなさん、**英熟語って、めちゃくちゃ面倒臭いですよね。**
　簡単な動詞と簡単な副詞・前置詞の組み合わせなのに、1000個以上の英熟語が存在するので、なかなか覚えきれません。
　その上で、組み合わせによって意味が多様で、一見して意味が類推できないものも多いんです。

　私も、「なんで go（行く）と on（上）を組み合わせたら go on（続く）なんて意味になるんだ！」「look（見る）と after（後で）を組み合わせて、なんで look after（世話をする）って意味が出てくるんだ………？」と、勉強していて参考書にツッコミを入れていたことが何度もあります。
　こんな風に、とても面倒臭い英熟語ですが、これを暗記していなければ一定レベル以上の英文を読むことが難しくなってしまいます。
　大学受験の話をすると、センター試験でも私立大学の入試でも、どんどん英熟語の出題数は増えています。英熟語の暗記は、英単語や英文法と並んで、必須になっているのです。

「面倒臭い英熟語を、どうやったら暗記できるの？」
「どうにか、楽しく英熟語を暗記する方法はないものか？」

そんな風に悩む人には**「英熟語ポーカー」**がオススメです。まずは、英熟語カードを作りましょう。

つくりかた

1 ルーズリーフ5枚とハサミとペンを用意し、ルーズリーフを縦に1回、横に2回折り、ハサミで切って40枚のカードを作る。

2 切って作ったカードのうち、ルーズリーフの穴が空いている方20枚は「動詞カード」、穴が空いていない方20枚は「副詞・前置詞カード」として、それぞれ動詞と副詞・前置詞をペンで書いていく。

カードに書く単語は以下の通りです。

動詞
give・come・put・run・hold・keep・take・set・look・bring・pass・get・stand・lay・break・carry・call・turn・make・go

副詞・前置詞

away・about・to・on・along・up・down・back・in・over・out・through・off・from・with・after・for・by・into・aside

どれも中学レベルの単語です。しかし、熟語となると途端に難易度が上がります。
※下記URLからカードをダウンロードできます！
http://qq2q.biz/CaiA

STAGE 1 現役東大生が教える「ゲーム式」暗記術〈初級編〉

動詞　　　　　副詞・前置詞

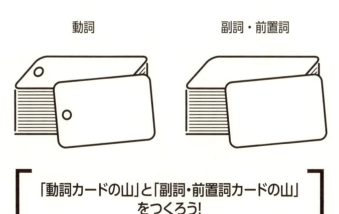

[「動詞カードの山」と「副詞・前置詞カードの山」をつくろう!]

ココでワンポイント!
慣れないうちは枚数を少なくして、
慣れてきたら枚数を増やしてみよう!

　はじめは10枚×2ぐらいでやってみて、覚えられてきたら15枚×2、それも慣れてきたら20枚×2にしてみましょう。もちろんそれも慣れてきたら、自分で動詞や副詞・前置詞を増やしても大丈夫です。

注　意
動詞カードと副詞・前置詞カードは混ぜないで、それぞれで1つの山にしましょう。

　さて、こんな感じで英熟語カードができた後はいよいよ、「**英熟語ポーカー**」をやってみましょう。

英熟語ポーカーのルール

1 動詞カードと副詞・前置詞カード、2つの山を作り、シャッフルした後でそれぞれから3枚ずつ引く。
　3枚ずつですから、自分の手札は合計6枚になります。この中から、カードを組み合わせて熟語を作りましょう。

2 **6枚の中から好きな枚数分捨てて、同じ枚数分カードを引く。**

熟語の数で勝負するのですから、**ルール1**で熟語が作れなかったカードを捨てましょう。

この時、動詞カードを捨てた分の動詞カードを、副詞・前置詞カードを捨てた分の副詞・前置詞カードをそれぞれの山から引きましょう。

3 **6枚の中でできた熟語の数で勝負し、ペア（熟語）が多い方が勝ち。**

ただし、3枚のペア（熟語）ができていた場合はペアの数にかかわらず勝利！

1人でやる場合は、2ペア以上できればゲームクリアです。

きちんと、「そのペア（熟語）がどういう意味を持つ言葉なのか」を一つ一つ調べましょう。「これとこれの組み合わせの熟語、あるかな」なんて調べてみるのも力になります。あなたの知らない意外な熟語が見つかるかもしれません。

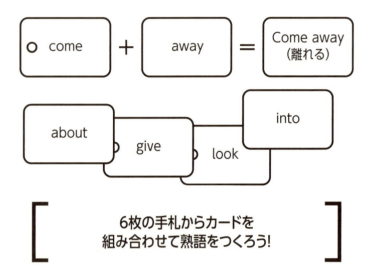

[6枚の手札からカードを
組み合わせて熟語をつくろう!]

ココでワンポイント!
3枚のペアも狙っていこう!

「get away with 〜をうまくやる」や「come up with 〜を思いつく」など、意外にこのゲームで作ることができる3語の熟語も多いです。

　3語の熟語ができていれば、相手が何個2語のペアを持っていようと勝利です。つまり、「ノーペア＜ワンペア＜ツーペア＜スリーペア＜スリーカード＜スリーカード＆ワンペア」の順で勝負がつくわけです（ワンペア同士、ノーペア同士などは引き分けで

す）。

「他のカードではペアが作れなさそうだけど、come と up が揃ってる！ これなら、いらないカードを捨てて with を狙って『come up with』を作るのもありだ！」なんて戦略的に考えることも必要です。なんてったってこれはゲームですから。

このゲームを実践すれば、楽しく英熟語の暗記をすることができます。極めれば、150～200個の英熟語を暗記することができるようになります。

このゲームの面白いところは、本気になれば本気になるほど、暗記ができるということです。

例えば、手札が「look」「stand」「go」「away」「along」「aside」の6枚だった場合、あなたならどれを捨てますか？

この場合、「go」と「away」で「go away 立ち去る」という熟語ができていますからこれはワンペアとして、「look」「stand」「along」「aside」の4枚が残っています。

ここで、4枚すべてを捨ててしまうのは、実はもったいないです。なぜなら、look は10個以上の熟語になりうる可能性を持つ動詞だからです。私ならここで、look だけは残します。

こんな風に、「どれが熟語になりやすいカードか」の目安をつけると、このゲームに強くなれます。

そして、**「熟語になりやすい動詞・副詞・前置詞を暗記する」**

というのは、実は英熟語を暗記する上で役に立つ力でもあるのです。熟語になりやすい単語と結びつく単語および熟語の意味をセットでたくさん覚えることが可能になるわけですから。

　こんな風に、このゲームで熟練者になればなるほど、より多くの熟語を効率的に覚えることができるようになるのです。

　さて、このゲーム、私は今も家庭教師として日常的に生徒とやっています。当然私は熟練していますから、生徒とやっていても負けることはない！　と、言いたいところなのですが……。

　私「僕は『stand up 立ち上がる』と『get along 暮らしていく』のペアだよ！」
生徒「あ、先生ツーペアっすか？　自分『look after 世話する』と『make up 化粧する』と『pass on 通り過ぎる』のスリーペアっす」
　私「えっ」

　私「『bring out 〜を出版する』と『look at 〜を見る』と『set about 〜始める』のスリーペアだよ！」
生徒「あ、『get along with 〜うまくやっていく』で」
　私「ええっ」

　私「『come up with 〜思いつく』！　これでどうだ!!」

生徒「『run out of ～を切らす』と『get down ～を書き留める』。3連勝っすね」

私「えええっ」

……負けるんです、これが。教え子がこのゲームに強いということではなく、このゲームは運の要素も結構絡むので、意外と熟練者でも初心者に負けるんです。でも、逆に考えると、英熟語ポーカーはビギナーズラックもあり得る、ゲーム性の強い楽しいゲーム式暗記術ということです。

生徒「先生弱くないっすか～笑」

私「ぐぬぬ……次は負けないよ!!」

なんて言いつつ、私は今日もこのゲームを教え子とやります。意外と私、負けず嫌いなんです。

> **≫応用編**
>
> ペアができても、「その熟語の意味」が答えられないとゲームオーバー、というルールを付け加えると、より一層暗記がはかどります！ 慣れてきたら、ルールに付け加えてみましょう！

LEVEL ★

暗記に必要なのは『負の感情』!?
暗記復讐帳ゲーム

▶ SHOKYU　　JOUKYU
　CHUKYU　　OUYOU

みなさんに一つ質問です。**人は、どういう時に一番暗記できると思いますか？**

「暗記するぞ！」とやる気になっている時でしょうか？

「今なら覚えられそうな気がする！」と思えるほどコンディションがいい時でしょうか？

確かにそれも一つの答えだと思いますが、**一番は「間違えたり失敗したりして、悔しい時」**ではないでしょうか？

例えば私は昔、「work」と「walk」を間違えて授業で大恥をかいた記憶があります。とても恥ずかしくて悔しくて、でもだからこそ、よく覚えています。

その上で、あの時悔しい思いをしたからこそ、今度は絶対に同じミスはしないと断言できます。悔しかったからこそ、「ちくしょう、もう二度とあんなミスはしないぞ！」と強く心に誓ったからです。

みなさんも、成功よりも失敗の方が頭に残った経験、ありませんか？

テストで100点を取ったとして、多分3ヶ月もすればそれがどんな問題だったかは忘れてしまいます。
　でも、テストが99点で、たった1問だけ悔しいミスをしたならば、その1問は3ヶ月経とうと1年経とうと、「悔しい」という思いとともに頭にこびりついて離れないのではないでしょうか？
　こんな風に、人間は「間違い」の方が記憶に残りやすいのです。

　しかし、自分の「間違い」と向き合う、というのはけっこう辛いことですよね？
　「本当なら解けたハズだけど、運悪く解けなかった」。そんなミスを指して、人は「ケアレスミス」と呼びます。しかし私はこれは、言い訳だとしか思えません。「解けたハズ」と言いますが、しかし実際に解けていない以上、何かが抜けていたのは明白です。時間がなくて焦っていたとか、問題を斜め読みしてしまったとか、本当に些細なことに起因するミスかもしれませんが、それでも直さなければならないことがあるはずなのです。

　それを何故、人は「ケアレスミス」というレッテルで隠そうとするか。
　簡単です。自分の間違いや、自分の悪いところと向き合うのは辛いことだからです。
　本当は「間違い」からこそ学ぶべきで、「間違い」こそ暗記で

STAGE 1 現役東大生が教える「ゲーム式」暗記術〈初級編〉

きる。それなのに、人は「間違い」と向き合うことを拒絶しがちです。

「なんとか、『間違い』と向き合ってその力を暗記に活かせないか？」
「どうしたら、悔しさをバネに成長できるのか？」

　そんな風に考えて作ったのが、この**「暗記復讐帳ゲーム」**です。

暗記復讐帳ゲームのルール

1 ノートを1冊用意し、表紙に「復讐帳」と書く。
　恥ずかしいかもしれませんが、こういうのはノリです。

2 復讐帳に、自分が知らなかったがために悔しい間違いやミスをした事柄を、自分の言葉で書いてみる。
　「workとwalkは違うんだ!!!」など、語尾を「〜に決まってんだろ！」「〜は、—なんだ！」と書いたり、ビックリマークを付けたりして、とにかく自分の「悔しい気持ち」を表現しましょう。

3 何度もこの「復讐帳」を見直して、同じミスを二度としなければゲームクリア！

> 逆に、この「復讐帳」に書いてあったにもかかわらず同じミスをしたらゲームオーバーです。そうならないように何度も見直して「復讐」しておきましょう。万が一ゲームオーバーになった場合は、2回同じミスをした事柄をペンでたくさん色をつけて、強調しておきましょう。

ココでワンポイント！
悔しさに応じて、文字の大きさを変えてみよう！

　文字を大きく、**「HAPPINESS は HAPPY の名詞形‼」**なんて書くと、「悔しい気持ち」を表現しやすいですし、しかも視覚的に記憶に残りやすいです。

　このノートを作って、「復讐」することで、悔しかった記憶とともに、いわば「復讐心」とともに一度間違えた情報を覚えることができます。
　その上で、このゲームで扱う「悔しいミス・間違い」というのは、自分が「ケアレスミスだ」と思うものも、ガンガン含めてください。自分で「このノートに書かなくても、絶対に間違えない」と思うミスでも、とりあえず書いてみることが重要です。

　「でも、ケアレスミスなんて復習しなくても次は正解できるミス

だろう」

「ケアレスミスを含めて、間違いばかりを復習して、なんの意味がある？」

と疑問に思った方もいるでしょう。では、逆に質問です。**正解した問題ばかりを復習して、どんな意味があるんでしょう？**

　正解した問題が自分たちに教えてくれる情報量は少ないです。それに比べて、間違えた問題が自分たちに教えてくれる情報量のなんと多いことか。自分の弱点も、試験で点を落としがちなポイントも、直すべき癖も、何もかも、「間違い」が知っているのです。

　失敗からこそ学ぶべきであり、学ぶことができる。

　それなのに、世間一般の人の多くは（かつての私も）「間違い」を「ケアレスミス」というレッテルで覆い隠し、なかったことにしがちです。こんなにもったいないことはありません。

「ケアレスミス」という言葉を多用する人は、絶対に本番でも同じミスをします。自信を持って断言できます。

　なぜかって？　私がそうだったからです。

　間違いを間違いとして認めず、「ケアレスミス」と言って向き合うことを避け続けたツケが、現役の入試の時、自分に襲い掛かってきました。

「ああ、そうか。自分は、謙虚じゃなかったんだ」

「『ケアレスミス』なんて言葉で逃げていたけれど、本当はああ

いうミスの一つ一つから、学ばなきゃならなかったんだ」

　そんな風に、痛感しました。そしてその2年後、2浪した私は試験場に「復讐帳」を持って行きました。

　もう二度と、同じ間違いは犯さない。

　もう二度と、「ケアレスミス」とは言わない。

　そんな決意の表れでした。表紙にでっかく「復讐帳」と書いたノートを読んでいる私を見て、隣の席の人は怪訝(けげん)そうな顔をしていましたが、そんなのは気になりません。

　同じ轍は踏まない。たとえ試験に落ちようとも、「復讐帳」に書いてあるのと同じミスだけは、絶対に犯さない。

　そう決意した私は、試験でケアレスミスは犯しませんでした。

≫ 応用編

なかなか暗記できない事柄も、このノートに書いてみましょう！　また、あとからこのノートを見直す時に、関連する情報や類似の情報などを書き足すのも力になります！

例えば、「workとwalkは違うんだ!!!」と書いた下に「walk aroundが散歩という意味」と書き足す、という風にやってみましょう。

こうやって、「暗記復讐帳」の内容を充実させれば、より一層の暗記が望めます！

LEVEL ★

イラスト化すると暗記力がグーンと上がる!
イラストコンテストゲーム

▶ SHOKYU　　JOUKYU
　CHUKYU　　OUYOU

　昔、私の友達にアイドル好きがいました。
「俺は、AKB48もSKE48もNMB48も乃木坂46も、すべてのアイドルの顔と名前を覚えている」
　なんて豪語していました。
　彼は本当にすごい人で、アイドルの顔写真を見せただけで名前と所属をすぐに答えることができるのです。
　しかし、そんなに記憶力が優れているにもかかわらず、彼は日本史の偉人の名前を暗記することはとても苦手でした。「顔も知らないおじさんの名前なんか覚えられるか!」と彼はいつも言っていました。

　確かに彼の言う通り、私たちは「顔も知らない人の名前」は覚えにくくて、「顔がわかっている人」のほうが覚えやすいですよね？　アイドルの「指原莉乃」という名前を覚えるときに、確かに私たちは彼女の顔と合わせて覚えるわけです。
　そして、顔とセットだからこそ、覚えられる。「アインシュタイン」と言われて、みなさんの多くは、彼が舌を出したあの有名な写真を思い浮かべるでしょう。アインシュタインが何をした人

なのかとか、そういったことの前に、あのビジュアルが頭に浮かぶ人が多いはずです。

　そんな風に、**ビジュアルがセットになっている方が、暗記がしやすいのです。**

　こんな「ビジュアルの力」を活用したゲーム式暗記術が、これから紹介する**「イラストコンテストゲーム」**です。

イラストコンテストゲームのルール

1 暗記したい単語・偉人を1つ選び、ノートに書く。

2 単語であれば、その単語の意味やイメージと合う人物を考えて、その人の写真・イラストをコピーしてノートに貼る。

「人」と書いていますが、このイラストは本当になんでもいいです。漫画のキャラでもアイドルでも、自分の友達でも、はたまた人ではないですが動物とかポケモンとかでも構いません。例えば「sensible」という英単語は「賢明な」という意味ですから、「賢明だ」と思う自分の友達や有名人の写真を貼ったり、「はらから」という古典単語は「兄弟」という意味ですから、自分の好きな漫画の兄弟のキャラクターを貼ったり、

といった具合です。動詞などの、動作の意味がある言葉を暗記したい場合には、人がその行動を取っている写真や漫画のワンシーンを持ってきても構いません。

3 偉人であれば、その人の写真やイラスト、またはその偉人のイメージと合致する写真やイラストを探して、コピーしてノートに貼る。

参考書に載っているならばその写真でもいいですし、ネットで検索して探しても構いません。偉人がイラスト化・萌えキャラ化している画像がネットの検索で出てくることも多いので、それを使ってもいいです。コピーしてノートに貼ってみましょう。その偉人とまったく関係がなくても、「名字が一緒」だとか「行動や性格が似ている」といった共通点を持つ人の写真やイラストを使っても大丈夫です。

4 単語や偉人を、イラストとセットで覚えられればゲームクリア！

何度かイラストの貼ったノートを見直して、イラストと一緒に暗記できればゲームクリアです。

> **ココでワンポイント!**
> ## 多少無理があってもいいから、とにかく馴染み深い好きなイラストを使おう!
>
> 　例えば「prediction（予言）」という英単語でこのゲームをしようと思ったら、漫画で何かを予言をするキャラのイラストを持ってきたり、あるいはアイドルでも友達でも「なんか占いとか上手そう」と思う人でもいいですから、とりあえず好きなキャラ・馴染みの深い人のイラストや写真を使ってみましょう。「revenue（収入）」ならば収入が多そうな有名人、「conflict（衝突）」ならば対立している漫画のキャラや自分の友人の中で衝突しがちな仲の悪い２人、といった具合です。**好きなキャラ・馴染み深い人なら、暗記しやすいはずです。**
>
> 　ポケモン好きならポケモンのイラストを、野球好きなら野球選手の写真を、バードウォッチングが好きなら鳥の写真を、アイドル好きならアイドルの写真をコピーしてノートに貼ればいいのです。

　このゲームを実践すれば、イラストとセットにして効果的に、楽しく暗記することができます。そして、このゲームのいいところは、あなたの好きなものを暗記に活かすことができる、という点です。

　「好きこそものの上手なれ」と言います。九九を暗記できない子供でも、81種類を優に超えるポケモンの名前や、鉄道の駅の名

前や、漫画のキャラの名前はすぐに覚えられたりしますよね？ 自分も昔よく父親から、「お前はポケモンの名前は300種類も400種類もすぐに暗記できるのに、なんで英単語は暗記できないんだ」と叱られていました。

　でも、**人の記憶というのは、好きなものならいくらでも覚えられるようにできているんですよね**。それを、イラストという形で暗記に活かすこのゲームならば、好きなものとセットにして、暗記できるようになるのです。

　私は、件(くだん)のアイドルが好きな友達にもこのゲームを勧めてみました。すると彼はこのゲームに非常に興味を持ってくれたようで、「これからはなんでもアイドルの名前と絡めて覚えるようにする！」と言いました。

　次の日から彼は日本史上の偉人をアイドルに見立てて鬼のように暗記するようになりました。

「織田信長はAKBのあのアイドルなんだ」
「お、おう……」
「それで、豊臣秀吉はSKEのあのアイドル」
「そ、そうなのか……」

　私はアイドルには詳しくないので、彼の暗記の原理はまったく理解できませんでしたが、しかし事実として、彼は日本史の知識

をこのイラストコンテストゲームを通して暗記することができるようになったのです。

　こんな風に、自分に馴染みの深い・好きなイラストを用いることで暗記しやすくなり、その上で単調な暗記が楽しくなります。みなさんも是非、自分の趣味と絡めて、暗記してみてください！

>> 応用編

既存のイラストを貼るのが「イラストコンテストゲーム」でしたが、少しでも絵心がある人ならば、その単語のイラストをノートに書いてもいいと思います。

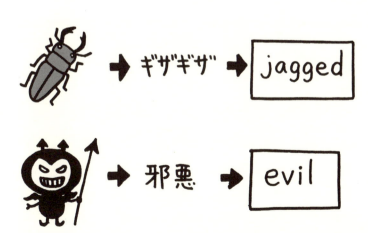

▶「友達がいると、暗記が捗る」?

「友達がいると、暗記がはかどります」と私が言ったら、みなさんは同意してくれるでしょうか?
「え? 暗記って、1人で机に向かってやるものでしょ? 友達がいようがいまいが、関係ないんじゃ?」
そんな風に思う人が大半でしょう。

でも、そうじゃないんです。**友達がいる方が、暗記できる量も、理解度も、格段に跳ね上がるのです。**
例えばです。大学受験で名門校と呼ばれる偏差値の高い高校の合格実績と、無名校と呼ばれる偏差値の低い高校の合格実績、どちらが良いでしょうか? 考えるまでもなく、前者ですよね。では、この違いはどこから生まれるのでしょうか? 先生の質でしょうか? 教科書の質でしょうか?
それらも関係しているかもしれませんが、一番は「周りの友達がみんな意識が高い」環境ではないでしょうか。

例えばです。**周りがみんな偏差値70の大学を目指すのが当たり前の環境と、周りがみんな大学を目指さない環境、どっちの方が勉強がはかどるでしょうか?**
「勉強は個人でするものだから、周りのことなんて関係ない」と思うかもしれませんが、環境の要因というのは、知らず知らずのうちに、私たちに大きな影響を与えているのです。自分の苦手科目が得意な友達に「どうやってこの科目勉強してるの?」と話を

COLUMN

聞くこともできますし、ライバルが沢山いれば「あいつに負けない成績を取ろう!」という目標も設定しやすいですよね。また、志望校に合格した先輩も多いため「僕が君ぐらいの時はこれぐらい勉強して、こういう風に勉強したよ」というような話も聞けるでしょう。こんな風に、環境はさまざまな面で学習をバックアップてくれるのです。

　これは高校に限った話ではありません。高校生向け、社会人向けにかかわらず、世の中にある塾は、塾での学習以上に、「同じような目的を持った人が集まる環境」を提供しているのです。**「友達がいる」というのは、こうした「勉強しやすい、暗記しやすい環境」が自分の周りに整っているということに他ならないのです。**

　それだけではありません。「人と話す」というのは、実は暗記において非常に重要なファクターなのです。
　例えば、こんな経験はありませんか?　参考書や問題集でいくら考えてもわからない箇所があって、先生や友達に質問に行き、「ここがわからないんです」と説明している間に「あれ?　もしかしてこれってこういうことなんじゃないか!?」と理解できた経験。人に説明しようと考えることで、逆に自分がどこまで理解できているのか、または理解できていないのかがわかる瞬間、ありますよね?　人と会話したり、説明したりする経験は、私たち

が考えている何倍も意味があり、価値があるのです。

　大体において、授業の本質は先生と生徒のコミュニケーションですし、参考書は言葉でわかりやすく読み手に説明するものであり、問題は出題者と解く側との対話です。私たちの暗記というのは、人と人とのコミュニケーションに立脚している部分が非常に多いのです。それを疎かにして、日常生活でも人と話す機会が少なくなってしまうと暗記量も増えません。

　私が東大に入って一番驚いたのは、**「東大生ってみんな、こんなにおしゃべりなんだ！」**ということでした。「えっ!?　東大生なんてみんな根暗で口下手なんじゃないの!?」と思う人もいるかもしれませんが、そんなのは私ぐらいのものです。今までの人生ずーっと机に向かっていただけの人間なんて、ほとんどいません。社交性があって、気さくに話ができる人が大半なのです。中には物静かな人もいますが、そうした人も、話してみると意外と「こんなに面白い話ができる人なんだ！」と思うくらいしゃべり上手だったりするのです。こんな風に、コミュニケーション能力がある程度あって、ちゃんと友達がいる人が、多くの事柄を暗記できて、東大に入学しているのです。

　だからこそ、みなさん。まずは友達を作ってみてください。それが、あなたと同じような目標を持った人ならなお良いです。
　人数は、別に多くなくてもＯＫです。広く浅い交友関係を持つ

COLUMN

よりも、少なくても深い絆のある友達を持つ方が、会話も弾んで楽しいですからね。

　私は、このゲーム式暗記術の多くを友達とやっていましたし、今も家庭教師として生徒とやっています。1人でやるゲーム式暗記術もありますし、それはそれで楽しいですが、みんなでやった方が楽しいゲームもあります。

　だからまずは手始めに、あまり話しかけたことのない人に「楽しい暗記のゲームがあるんだけど、一緒にやらない？」と話しかけてみてはどうでしょう。「単語神経衰弱／単語ババ抜き」とか「英熟語ポーカー」「勝率計算ゲーム」などのカードゲームをしたり、「別解サーチゲーム」や「トランスレーター体感ゲーム」でそれぞれ別の答えを探してみたり、「ひっかけ問題作成ゲーム」や「ひとやすみ暗記ゲーム」をやってみたり、1人よりも友達とやった方が楽しいゲームは沢山あるのです。そして、楽しければ暗記も進むはずです。そうやって**同じ目標を持つ友達とゲーム式暗記術を実践して、暗記を一緒にがんばれば、目標を達成した後もずっと付き合える、親友になれるはずです。**

　暗記したいと願うなら、まずは友達を作って、自分の世界を広げてみてはいかがでしょうか。それが実は、暗記の一番の近道です。

STAGE 2

現役東大生が教える「ゲーム式」暗記術〈中級編〉

SHOKYU
▶ CHUKYU
JOUKYU
OUYOU

このステージに登場するゲーム

▷ 通勤時間を有効活用!**「単語マジカルバナナ」** … 90
▷ 復習は予習と同時に行う!?**「予復習カウントゲーム」** … 98
▷ 超実践的! 試験で点を取れる暗記!**「作問コンテストゲーム」** … 104
▷ 参考書や問題集、模範解答にダメ出しだ!**「『なんでやねん』ゲーム」** … 112
▷ 漢字の参考書を使って英単語の暗記!?**「漢字⇄英語トランスレイトゲーム」** … 119
▷ カラフルさこそ暗記の秘訣!**「カラーリングノートゲーム」** … 127

LEVEL ★★

通勤時間を有効活用!

単語マジカルバナナ

SHOKYU
▶ **CHUKYU**

JOUKYU
OUYOU

　みなさんは、通勤・通学の時間を有効に活用できていますか?

　バス・電車・徒歩・自転車……さまざまな方法で通勤・通学されていると思いますが、ペンを持って問題を解きながら通学できる、単語帳にチェックを入れながら通勤できる、という人は稀だろうと思います。

　自分も、朝は通勤ラッシュの満員電車に揺られているので、本を読んだり勉強したりすることはできません。

　でも、**もし毎日の通勤通学の時間を有効に活用できれば**、たとえ、たった20分だとしても、1年単位で考えれば20分×365日＝約121時間。**丸5日以上の時間が得られるのです。**行き帰りで考えれば10日以上。この時間を無駄にしてしまうのは、すごくもったいないですよね?

「なんとか、通勤時間を有効に活用する方法は無いかな?」
「手ぶらで、歩きながらでもできるような暗記術は無いだろうか?」

そんな風に考えて作ったのが、この**「単語マジカルバナナ」**です。

単語マジカルバナナのルール

1 一番直近で暗記した単語・用語を１つ思い浮かべる。

昨日覚えたての単語でも、その日暗記したての用語でも、なんでも大丈夫です。

2 その言葉と、なんらかの形で関連する言葉を思い浮かべる。

「この単語と言ったら……」と、自問自答してみるのです。単語ならば類義語や反意語、派生語。用語で言えば同分野の言葉や意味の近い言葉など。関連さえしていれば、なんでも構いません。ここで、「あの単語なんだっけ！　思い出せない‼」「あの用語、関連すると思うんだけど……なんて名前だったっけ？」と、思い出せないものが出てきた場合には、他の言葉を探しつつ、覚えておいて後で確認してみましょう。

3 さらに思い浮かべた言葉と関連する言葉を思い浮かべ、という作業を繰り返して、10回連鎖できればゲームクリア！

> 逆に、途中で詰まってしまい、関連する言葉が出てこなくなったらゲームオーバーです。一からやり直しましょう。10回くらいなら、指を折れば今何個目か把握できますね？　だからこのゲームは頭と指だけで、実践できるのです。
> ゲームクリアしたらまた新しい単語を思い浮かべて、もう一度このゲームをスタートしてみましょう。

ココでワンポイント!
自分流の時間制限を設けよう!

　慣れてきたら、1回の「単語マジカルバナナ」に時間制限を設けてみましょう。この時間制限は自分流で構いません。電車に乗る人なら2駅、バスを使う人なら停留所3個、徒歩の人なら信号4つ、などなど。熟練度・暗記度に応じてどんどん短くしていけば、難易度もだんだん上がり、このゲームがより楽しくなります。

　通勤電車でスマホが持てる人は、はじめはスマホのメモ帳を使ってこのゲームを実践してみましょう。思い浮かべた単語をメモ帳に打ち込み、その次に思い浮かべた単語を下に……といった感じです。後からメモ帳を見返して、なかなか思い浮かばなかった単語を確認してみましょう。

　このゲームを実践すれば、**暗記した言葉を復習できるばかりか、その言葉と関連するものも同時に暗記することができます。**
　はじめのうちは10個も関連させていくのは難しく感じるかもしれません。しかし、「関連」と一口に言っても色々ありますよね？
　「同じ意味」という関連だけで10個も繋げるのは難しいと思いますが、「関連のある意味」「連想できる言葉」、さらには「同じ分野の事柄」なんて具合で関連させていけば、意外と10個、すぐ見つけられるものです。

例えば「economy（経済）」からスタートするならば、「finance（財政）」という言葉が同じような意味の言葉だとは思いますが、たとえば「depression（不況）」であったり「currency（通貨）」であったり「invest（投資する）」であったり、「経済」という言葉から関連付けることができる言葉はたくさん存在するはずです。その中で、一番「他の単語に関連させられそうな単語」を選べば、その次にもすぐ繋げられるわけです。

　他の関連のサンプルも付けておきました。「関連付けが難しい！」という人は、これを参考にしてください。

≫ 関連のサンプル

「同義」「反対」の関連

【天気】晴天→快晴→豪雨→雷雨

【曖昧】vague（曖昧な）→ obscure（ぼやけた）→ definite（明確な）→ obvious（明白な）

【真面目】まめなり（まじめだ）→まめまめし（本気だ）→あだなり（不誠実だ）→あだあだし（浮気だ）

「類似」「近似」の関連

【移動】transfer（移動する）→ immigrate（移住する）→ transplant（移植する）

【地方】local（地元の）→ rural（田舎の）→ suburb（郊外）

【国】ナイジェリア→ニジェール→アルジェリア→モロッコ

> 「前」「後」の関連
> 【総理大臣】菅直人→野田佳彦→安倍晋三
> 【栄枯盛衰】emerge（出現）→ flourish（繁栄）→ decline（衰退）→ vanish（消滅）
>
> 「最大（高）」「最小（低）」の関連
> 【喜怒哀楽】狂喜乱舞→有頂天→落胆→憂鬱
> 【富】wealth（裕福）→ luxury（奢侈）→ poverty（貧困）→ destitution（極貧）

　そして、こうやって関連させることは、暗記にとても役に立ってくれるのです。関連させるという行為は、取っ掛かりを増やすということに他なりません。一つの言葉を思い出そうとするときに、「あの言葉と類義語だった」「この言葉と関連があったはずだ」といった具合に、芋づる式で記憶を引き出すことができるようになるわけです。

　その上で、**関連させるという行為は、自分の暗記が不十分な分野を発見できる、という効果もあります。**

　例えば、「ロシア関連の世界史の単語を思い出そうとして、ゲームオーバーになってしまった。自分はそこが暗記できていないに違いない！」とか、「sum（合計する）という英単語で詰まってしまった、ひょっとしたら自分は計算関連の英単語がまだ暗記できていないんじゃないか？」といった具合に。

そうしたところを覚えておいて、家に帰ってから補強できれば、穴のない暗記が可能になるはずです。

　私は電車通学なのですが、このゲームを実践する前は、私は満員電車が大嫌いでした。「早く着かないかな」と、毎日のように思っていました。
　しかし、このゲームを実践するようになってから、「まだ着かないで欲しい！」と思うことが増えるようになりました。
　なぜかというと、「単語マジカルバナナ」を実践すると「あと１個でゲームクリアなのにもう駅に着いたの!?　も、もう少し待って！」なんて考える場面が多いからです。私は１回の通学で「単語マジカルバナナ×10回」を課していて、これで綺麗に10回ゲームクリアできた朝はいい気分なのですが、ゲームオーバーだと悔しい気分のまま１日中すごすことになってしまうのです。ですから躍起になって、なんとか10回ゲームクリアできるように毎朝毎朝真剣にゲームに取り組んでいました。少し電車が遅れていれば「ラッキー！　時間が延びたから今日は10回行けそうだ！」なんて考え、「まだあと３駅もあるのか……」と考えるよりも「よっしゃまだ３駅もある！　もう３回ゲームクリアするぞ！」と考えるようになりました。ゲームの力って、すごいですね。

**　みなさんもこのゲームを実践して、つまらない通勤・通学の時**

間を暗記のために有効活用してみましょう！ きっと少しだけ、満員電車が好きになれますよ。

> ≫ 応用編
>
> 社会人の方で、「プレゼンで話すことを暗記したい！」「結婚式のスピーチを覚えないと！」という方は、このゲームで「この文の次は何を言うんだったかな？」と考えて繋げていき、記憶をチェックしてみましょう。

LEVEL ★★

復習は予習と同時に行う!?
予復習カウントゲーム

SHOKYU　　　JOUKYU
▶ CHUKYU　　　OUYOU

「暗記には、復習が必須である」と私が言ったら、みなさんのほとんどは同意してくれるのではないでしょうか?

一度見ただけ、一度勉強しただけで暗記できる人は、天才です。しかし、この世のほとんどの人は、残念ながら天才ではなく凡人です。凡人は、一度勉強したところを何度もチェックして見直さなければ、つまり**復習しなければ、なかなか暗記できないのです。**

私も凡人です。一度で覚えられるような頭は持っていませんから、復習しなければ暗記できません。

でも、復習って、つまらないんですよね。これに関しても、同意してくれる方は多いのではないでしょうか?

だって、一度触れて、すでに勉強した内容なんです。目新しいところもなく、驚くような要素もない。単調で、それでいて面倒。なかなか復習をやる気がでないんですよね。

「なんで一回やったことをもう一回やらなければならないんだ!」
「復習なんてつまんないからやりたくない!」と、私は何度も思

いました。

　何度も何度も思って、復習をおろそかにして、それで成績は伸び悩みました。凡人ですから、復習しないで放置すれば、暗記できないのは当たり前。復習はつまらないけれど、やらなければ成績は上がらないのです。でも、復習には時間がかかります。次から次へ、私たちは予習も行わなければならないのですから、一方で、復習が疎かになるのも無理からぬこと。しかし、だからと言って復習しないと成績は伸びない。なんというジレンマでしょうか。

「なんとか、つまらない復習を面白くすることはできないかな？」
「予習もしつつ同時に復習も行う方法は無いだろうか？」

　みなさんのこんなジレンマを解消し、悩みを解決するのが、この**「予復習カウントゲーム」**です。

予復習カウントゲームのルール

1　予習したい教材と復習したい教材を同じ机に置く。
　同じ分野の２つの教材を用意しましょう。教材は単語帳でも参考書でもなんでも構いませんし、半分やり終

わった単語帳を1冊用意して「半分を復習、残り半分を予習しよう！」と考えるのでも大丈夫です。

2 まず、予習したい教材を用いて、予習を進めていく。

3 予習している中で、少しでも復習したい教材に絡んでいる事柄があれば、その都度復習したい教材を読んでみる。

例えば、「似たような意味の単語、この教材で前に勉強したな」と感じるものや、「こっちの教材でも同じような事柄が出てこなかったっけ？」と思ったものなどを見つけて、その場で復習してみましょう。

4 そうやって、復習したい教材を読んだ回数をカウントし、読んだところにはチェックをつけ、1時間予習して10個チェックがつけばゲームクリア！

とりあえずはじめのうちは7回を目指してみましょう。また逆に、熟練者になったら15回以上を目指しましょう。

ココでワンポイント!
関連させて復習した事柄を、ちゃんと書いておこう!

　ルール4で読んだところにチェックを入れる際、**余裕があれば関連させた事柄や、それが書いてあったページ数などをメモしておきましょう**。例えば、英語を勉強しているときに「rely on（頼る）」という表現が出てきたら、「『頼る』に似た意味の英語をこっちの教材でも見た気がする！」と「count on（当てにする）」という表現を復習・チェックし、「rely on」のページに「count on」と書いてあった教材・ページの詳細を書いておく、ということです。

なぜ「関連させて復習した事柄」を書き込んでおく必要があるのか、といえば、『予習』だった事柄を、『復習』する時のためです。この書き込みは、そのときにこそ役に立つのです。先ほどの例で言えば、予習した「rely on」を復習するときに、同時に同じ意味の単語「count on」も復習できますよね？　また、予習を続けて「depend on（頼る）」という英単語があったときに「rely on」を復習すれば、同時に「count」も復習できてしまいます。

　こんな風に、**予習と復習を関連させて繋げていけば、このゲームを進めれば進めるほど予習の段階で多くの内容を復習できるようになるのです。**

　そしてこのゲーム式勉強法のもう一ついいところは、「復習を素材に予習の精度を上げることができる」というところです。
　「え？　予習だけやってた方が効率はいいんじゃないの？」
　と考える人もいるかもしれませんが、それはまったくの逆です。
　確かに予習オンリーの方が予習にかかる時間は短いでしょう。
　しかし、**得られる情報量は予復習同時並行の方が桁違いに多いのです。**
　なぜか？　それは、復習をとっかかりにすることで、予習での理解度が上がるからです。

　復習する内容は、一度は習った内容、つまり既知の情報です。しかし、予習する内容はまだ未知の情報がほとんど。予習ですべ

てを理解するのは不可能です。

　しかし、「**未知の情報のなかの既知の情報**」**を見つけることができれば、予習で理解できることが一気に増えます。復習が、予習の道を切り開いてくれるのです。**

「そうだった、イギリスは奴隷貿易でかなりの儲けを出していたんだった。その上で、産業革命につながるんだな!」

「そっか、この前習った加法定理に当てはめるから、二倍角の公式はこんな形なのか!」

といった具合です。

　さて、このゲームは1時間で10個がクリア、と言いました。無理して数を増やしたり、復習の時間を短くしたりしてしまうのは本末転倒ですが、しかしこれはゲームですから、「最高記録」を出そうと試みるのは良いことです。

　過去の自分の記録を更新できるように、頑張ってみてください!

> **≫ 応用編**
>
> 1冊問題集を解いて、「もう1冊同じ分野の問題集を解こう!」と考えるときにも、このゲームを実践してみてください。復習教材は前に解いた問題集・予習教材は新しい問題集です。新しい問題集を解きつつ、「同じような問題があったな」と感じたら前に解いた問題集を見直しましょう!

LEVEL ★★

超実践的！ 試験で点を取れる暗記！

作問コンテストゲーム

SHOKYU
▶ **CHUKYU**

JOUKYU
OUYOU

　さて、みなさんに質問です。人は、なんのために暗記をするのでしょうか？
　言葉や年号を覚えて、いろいろな知識を得るためでしょうか？
　単語やその意味を覚えて、語彙力を増やすためでしょうか？
　確かにそれは重要ですが、もっと目の前に目的があるはずです。

　ズバリ、答えましょう。**大半の人が暗記を行う理由は、「試験で点を取るため」**です。
　ネット社会の今、英単語でも専門用語でも年号でも、検索すれば一発で出てきます。それをわざわざ暗記する一番のメリットは、ネットや電子辞書が使えない試験で点数が取れるようになるためでしょう。
　みなさんだって、「将来のために法律系の専門用語を暗記しよう」とか、「後学のためにヘブライ語の単語を暗記しよう」なんて、なかなか思いませんよね？
　「この試験に受かるために、専門用語を覚えなきゃ」など、テストで点を取るために、必要に迫られて暗記をする、というのが普通なのではないでしょうか。

ならばこそ、**私たちがするべきなのは「試験で点を取るための暗記」**です。単語帳をつかって単語を覚えるのも、参考書の内容を暗記するのも、全ては「試験で点を取るため」。暗記することがゴールではないのですから、ただただ丸暗記すればいいというわけではないのです。

　例えば、「この英単語帳では、『judge』という単語の次に、『advise』という単語が書いてある」と覚えたところで、点には繋がりませんよね？

　しかしみなさんも「この単語の意味が出てこないな……なんか先週見た参考書に書いてあった気がするんだけど……」「あの言葉の意味なんだっけ？　あの単語帳の真ん中のページあたりに書いてあったことは覚えてるんだけど……」なんて、思い悩んだ経験があると思います。

　そう、ただ闇雲に暗記しても、こんな「試験で点に繋がらない情報」ばかりが頭に残ってしまうだけで、「試験で点を取るための暗記」はできません。

「じゃあ、どうすれば試験で点を取るための暗記ができるようになるんだ？」
「どんな工夫をすれば、効率的で点に繋がりやすい暗記になるんだ？」

そんな疑問に答えるのが、この**「作問コンテストゲーム」**です。

作問コンテストゲームのルール

1. 暗記したい単語や重要そうな言葉を1つ用意し、ノートに書く。

年号、専門用語、単語、漢字、とにかくなんでもいいです。覚えたいことを書いてください。

2. その単語・言葉が答えになる問題を、できるだけたくさん考え、ノートに書いてみる。

はじめのうちは簡単には思いつかないかもしれませんが、その時は問題集などを参考にして、「この問題形式でこの単語が聞かれることを考えてみよう！」なんて考えてみるといいでしょう。

3. その後に問題集や試験などで、その単語・言葉が答えになる問題が出てきたときに、自分が想定したように問われていればゲームクリア！

逆に、自分がまったく想像していない角度からその単語が答えになる問題が出てきたらゲームオーバーです。

> **ココでワンポイント!**
> **どう問われたら答えにくいか、考えて作問してみよう!**
>
> オーソドックスでよくある問題ばかりを考えていても面白くありません。意地悪な出題者になった気分で難易度の高い問題を作ってみたり、いろいろ作問してみましょう!

「ええっ、問題なんて作れないよ」「そもそも1つの単語に、そんなに多くの問題が作れるものなの?」と思うかもしれませんが、やってみると意外に簡単に作れたりします。例えば、「apparentという単語が解答になる問題」を考えると、apparentはまず「明白な」「見かけ上」という意味がありますから、

・「明白な」という意味の単語を答えなさい
・「見かけ上」という意味の単語を答えなさい

なんて問題が作れますね?

次に、apparentの類義語はobviousとevidentですから、

・obviousやevidentなどの単語の意味と、同じ意味の英単語を答えなさい

なんて問題も考えられます。
　そして辞書で調べたら apparent の ap は「appear」と同語源だと出てきました。それを使って、

・appear「現れる」と同語源の単語を答えなさい

　こんな問題も作れます。さらに単語帳には「It is apparent that ～」で「～ということは明白だ」と書いてありました。これを用いて、

・次の文を完成させなさい「it is [　] that ～」「～ということは明白である」

という問題も作れます。

　いかがでしょうか？　ただ1つの単語でも、いろいろな情報を持っているものです（意味・類義語・反対語・語源・熟語・慣用表現 etc.……）。
　歴史上の人物の名前も、その人は何をした人で、どの時代の人で、同時代にどんな人がいて、どんな出来事があったのかなど、さまざまな関連情報を持っていますよね？
　用語だって、その用語の意味とか、使われるタイミングとか、似たような言葉にどのような用語があるのか、などなどたくさん

の情報が考えられます。

　これらの情報の一つ一つを用いて、または組み合わせることで、本当にいろんな問題を作ることができるのです。

　逆に、**情報が少ない単語や用語は、そもそも覚えるべき情報が少ない、試験で出ても「答えやすい」問題しか作れないということ。そもそも覚える必要性が少ないものです。**

「でも、問題なんて作ってどうするの？」
「それがなんの役に立つの？」

　と思うかもしれません。でも、「問題を作る」というのは、その単語を思い出す時に役に立つ、「取っ掛かりを作る」ことにつながります。自分で考えた問題は、「なんだっけ、この単語？」と思った時に、「確かあの単語と同じ意味だったよな」といった具合に記憶の海から引き上げるのに役に立つ、フックになりうるのです。

　その上で、あなたがある情報を用いて問題を作ることができた、ということは、その情報が試験で問われてもおかしくない重要な情報であるということの証拠なのです。「問題が作れる情報」とはすなわち「試験で使われやすい情報」であり、「それを覚えれば点に繋がりやすい情報」になります。
　そんな『宝の山』である問題を自分で作り出し列挙するこの

ゲームは、単語にフックを付け、試験で点を取る上で重要な情報をまとめる効率的な勉強だといえるでしょう。

　実は私は、入試本番でもこのゲームをクリアしました。入試本番で、想定していた通りの問題が出たのです。
「ラッキー！」なんて考えましたが、その後でなんとなく腹が立ちました。

「自分がこの単語を解答にするんだったら、こういう風に問うのに！」
「この問題だったらみんなわかっちゃうじゃないか！　もっとこうやってひねればいいのに！」と。

　試験でそこまで考えられるようになったら、このゲームは免許皆伝です。
　本番の試験の出題者を超えるつもりで、頑張ってみましょう！

> **応用編**

慣れてきたら、ルール2のときにその単語・言葉が答えになる問題だけでなく、その単語・言葉を使った問題も考えてみましょう。
さっきのapparentの例で言えば、類義語のobviousとevidentを用いて、

・apparentという単語の意味と、同じ意味の英単語を2つ答えなさい

といった形です。
こうすることで、より多くの効率的な問題を作ることができます！

LEVEL ★★

参考書や問題集、模範解答にダメ出しだ！

「なんでやねん」ゲーム

SHOKYU
▶ CHUKYU

JOUKYU
OUYOU

さてみなさん、一つクイズにご協力ください。

Q．次のうち、"term"という英単語の意味として正しいと思うものを選んでください。

① 用語　② 期間　③ 関係　④ 同意・折り合い

選んでもらえたでしょうか？　それでは答えです。

みなさんがどれを選んだのか、私にはわかりませんが……おめでとうございます、どれを選んでいたとしても、正解です。

はい、"term"という英単語は、「用語」「期間」「関係」「同意・折り合い」すべての意味があるのです。

「いやいや、ちょっと待って！　『用語』とか『期間』とか、4つとも全然違う意味じゃん！　なんでこれが1つの英単語で表せるの?!」

はじめて単語帳で term という言葉を見かけたとき、私はこんな風に考えて、「term」について調べてみることにしました。すると、こんな事実がわかったのです。

・term という言葉の原義は「範囲の限定」「限界を定める枠」という意味である

　つまり、「意味を限定」すると、「用語」という意味が出てきて、「時間を限定」すると「期間」という意味が出てきて、「人との間柄を限定」すると「関係」という意味になり、「状況を限定」すると「同意・折り合い」という意味になる、というわけです。

「なるほど。こうやって考えてみると、『term』という英単語がこの４つの意味を持つというのも理解できるな。これなら暗記できそうだ！」

　私はこんな風に納得し、term を暗記することができました。
　さて、ここで注目してもらいたいのは、「なんで term という１つの単語で、異なる４つの意味があるんだ？」と疑問を持ったからこそ、term という言葉が「範囲の限定」なんだとわかり、暗記しやすくなった、ということです。
　こんな風に、「**なんでなんだろう？**」「**どうしてなんだろう？**」**と疑問を持って、調べてみる、というのは暗記において非常に有効なのです。**

　だってみなさん、考えてみてください。「term という言葉の意

味は『用語』『期間』『関係』『同意・折り合い』だ」ということを、ただ事実として丸暗記しようとするのと、「範囲の限定だからこういう意味なんだ」と関連付けて覚えようとするのとでは、絶対に後者の方が楽ですよね？

　こうやって「丸暗記を避けて疑問を持ってみて、それを調べる」、つまりは「暗記にツッコミを入れる」ことこそが、暗記の１つの有効なテクニックなのです。

　この「暗記にツッコミを入れる」というテクニックを効果的に暗記に反映させるゲームが、この**「『なんでやねん』ゲーム」**です。

「なんでやねん」ゲームのルール

1 単語帳や参考書を読んでいる時に、「どうしてこうなるんだろう」「なんでそうなったんだろう」と疑問を持ったところに下線を引き、下線の横か下に「N」と書く。

Nは「なんでやねん」の略です。「なんで？」「どうして？」と少しでも疑問を持ったところに、容赦なくツッコミを入れてやりましょう。

2 「N」の横に、抱いた疑問を書く。

「どうしてこうなの？」「なんでそうなるの？」といっ

たことを、言葉にして書いてみましょう。

さっきの例で言えば「N なんで term には『用語』とか『期間』とか、一見関係なさそうな意味がいっぱいあるの?」といった感じです。

3 その疑問の答えを、辞書や他の参考書、ネットなどで調べてみる。

人に質問しても Google で検索してもいいです。

4「N」の下に「A」と書き、調べた答えを書けば、ゲームクリア!

A は「answer（答え）」の略です。これが書ければ、ツッコミ成功です。

「A term の原義は『範囲の限定』。意味を限定すれば『用語』という意味になるし、時間を限定すれば『期間』という意味になる!」なんて書けばいいわけです。

ココでワンポイント!
「なんでやねん」にもバリエーションがある。

例えばさっきの「term」のように、「一見まったく関係のない2つ以上の意味を持つ単語に対して『なんでこの英単語はこんな意味を持っているの？』」と疑問を持ってみるのもいいですし、

参考書を読んで「なんでビスマルクはフランスに宣戦布告したんだ？　その理由はなんだったんだろうか？」なんてツッコミを入れてみるのもいいです。また、「vagueとambiguousって同じ『曖昧な』って意味だよな？　この2つにはどういう使い分けがあるんだろう？」「『2つのうちどちらとも取れる』という意味で『曖昧な』って使いたいときは、vagueとambiguousどっちのほうが正しいんだろう？」といった風に「これとこれの違いはなんなんだろう？」「こういう場合にはどうなるの？」といった疑問を持つのもアリです。

　とにかく、些細なことでも構いませんからツッコミを入れてみてください。

　このゲームを実践すれば、どんな暗記をするときでも丸暗記にならず、何かと関連付けて覚えることができるようになります。よく理解できない文や言葉を目で追っているだけでは、なかなか暗記はできません。でも、文や言葉に疑問を持ってみて、理解できるように自ら調べて、関連付けを行いつつ参考書や単語帳を読めば、暗記力がぐんと上がるのです。

　その上で、**「疑問を持つ」ということ自体が、学習にとても効果のある行為です。**暗記に限ったことではありません。暗記以外の勉強のときでも、日常生活においてでさえ、「疑問を持つ」ということには大きな意義があります。

例えば、鉄道やバスなどの終着駅を「ターミナル」と言いますよね。「バスターミナル」とか「ターミナル駅」とか、みなさんも日常的に利用しているのではないでしょうか。この「ターミナル」という言葉は、先ほどの「term」から派生した英単語、「terminal」です。

「あれ？　でも駅とかバスとか、範囲の限定と関係なくない？」
　と、みなさん疑問に思いませんか？
　N　では、なぜなんでしょうか？　なぜ、termから派生したターミナルという言葉は、「終着」という意味になるのでしょうか？
　A　それは、termを「鉄道やバスの路線の範囲を限定」するものと捉えて、「終着」「末端」と言っているからです。電車は、終着駅から終着駅へ、ターミナル駅からターミナル駅へと移動しているわけです。ターミナル駅によって、範囲が限定されていますよね？　こんな風に、「ターミナル」という言葉も、「範囲の限定」で説明がつくのです。もう一つ例を挙げましょう。みなさんは「ターミネーター」という映画はご存じでしょうか？　ここにも、termという言葉が使われています。「ターミネーター」は、「すべての範囲を限定し、終わらせるもの」だからこそtermという言葉が使われているのです。

　また、ケンタッキーフライドチキンの「カーネル・サンダース」

の本名を知っていますか？「ハーランド・デーヴィッド・サンダース」です。「カーネル」というのは、彼の名前ではないのです。

　N　じゃあ、カーネルってなんなのでしょうか？　どういう意味なんでしょうか？

　A　実は、カーネル（colonel）という言葉は、「大佐」という意味の英単語なのです。彼自身は軍の大佐ではないのですが、ケンタッキー州から「名誉大佐」の称号を与えられたため、「カーネル・サンダース」と呼ばれるようになったのです。つまり、私たちは普段彼のことを「サンダース大佐」と呼んでいるわけです。ケンタッキーを利用する人はたくさんいるでしょうが、この事実を知っている人は少ないのではないでしょうか？

　そして、この話を知っていれば「カーネル（colonel）」という単語の意味は簡単に覚えられますよね。

　こんな風に、日常生活の中にも、疑問を持ってみると面白かったり、勉強になったりすることはたくさんあるのです。**「なんでやねん」は、暗記のテクニックであると同時に、学習への扉であり、教養の源泉なのです。**ですからみなさんも、このゲームを実践して、「なんでやねん！」と参考書や単語帳にツッコミを入れるとともに、普段の生活にも「なんでやねん！」と疑問を持ってみてください！　きっと、あなたにとってとても良い効果が現れるはずです！

LEVEL ★★

漢字の参考書を使って英単語の暗記!?
漢字⇄英語 トランスレイトゲーム

SHOKYU
▶ CHUKYU

JOUKYU
OUYOU

漢字は得意ですか？　私は苦手です。

まず、数が多い。一つ一つの漢字も覚えても覚えてもキリがないくらい数がある上に、熟語ともなれば組み合わさって違う言葉になってしまう。

あと、画数が多い。だから、「なんかこんな形だった気がする……」なんて字面がわかっても、「点があるんだっけ？　ないんだっけ？」とか「何偏だっけ？　にんべん？　しめすへん？」とか、細部まできちんと思い出すのが難しいです。

なので、**漢字の勉強には根気や時間が必要です。**

しかし、昨今パソコンやケータイを使えば漢字を暗記していなくても変換ができてしまいます。なくてもやっていける上に、暗記しないといけないものは漢字の他にもいっぱいあるわけです。英単語も用語も年号も暗記しないといけないので、漢字にそんなに時間を割くわけにもいかない。

得意な人は簡単に暗記できるのかもしれませんが、苦手な人にとって、**漢字の暗記はとことんやっかいです。**

「数が多い」という点では、英単語も同じですね。英単語には1つの単語で2つも3つも意味があるものもあり、1つの単語の情報量も多い。その上で、組み合わせによっては英熟語や特殊な表現も存在します。これらを覚えるには、漢字と同じように、根気や時間が必要となってくるわけです。しかし、他の暗記もしなければいけない。

「漢字も英単語も面倒臭すぎる！　なんとか効率的に暗記できないものか」
「効果的で知的で、それでいて楽しく漢字と英単語を暗記する方法はないか」

　そう考える人のためには、漢字と英語の暗記を同時に行うゲーム式暗記術、**「漢字⇄英語トランスレイトゲーム」**をオススメします。

漢字⇄英語トランスレイトゲームのルール

1 和英辞典と市販の漢字の参考書を用意する。

　和英辞典は電子辞書についているもので構いません。もしくはネットの無料辞書でも大丈夫です。
　市販の漢字参考書に関しては、自分のレベルにあった、熟語等がたくさん載っているものであれば何でも

構いません。

2 漢字参考書に載っている漢字が、「英語で言ったらどういう意味になるのか」を和英辞典で調べる。

例えば、参考書に「創造」という漢字が載っていたら、電子辞書なら「ソウゾウ」と検索をかけてみましょう（紙の辞書なら「創造」を調べてみましょう）。「creation」と出てくると思います。

3 調べて出てきた英語を、漢字の隣に書き込む。

「creation」を「創造」の隣に書き込みましょう。

4 漢字を覚えるときに、一緒に英語も覚えられていればゲームクリア！

「ソウゾウ」→「創造」と漢字を練習するときに、「これは英語で言うと『creation』なんだ」と考えてみましょう。覚えているかチェックするときも、「創造」と漢字で書くだけでなく、「創造は英語でなんて言うんだっけ？」と考えて、「creationだ！」と答えられるかをチェックするのです。

ルール2で調べたとき2つ以上英単語が出てきたら、両方書いてもいいですし、ピッタリだと自分が思うものを選んで書くのでも大丈夫です。

ココでワンポイント！
そのまま調べても出てこない場合は、一度漢字の意味を調べてから英語に直してみよう！

　例えば、「無頼」という漢字は、和英辞典で調べても出てこないことが多いです。こういう、そのままだと英語が出てこない漢字は結構あります。

　そういうときには、一度「無頼」と国語辞典で調べてみましょう。

　すると、「無法な行いをすること、またそのような人」なんて出てきました。それなら「無頼」は、「無法」「無法者」とか、そういう意味だと解釈できますね？

　そうしたら、「無法な」「無法者」で和英辞典を引きましょう。「無法な」は「lawless」、「無法者」は「outlaw」と出てきました。この２語を、「無頼」の横に書いておきましょう。

　このゲームを実践すると、**英語と漢字、両方の語彙を同時に増やすことができます。**その上、セットで覚えるわけですから片方の言葉が出てくればもう片方も思い出す、なんて具合に暗記にとても役立つのです。

・川風が**ホオ**に気持ち良い

・〔頬〕⇒これを英語でいうと〔cheek〕

・土地の所有権を**ジョウト**する

・〔譲渡〕⇒これを英語でいうと〔transfer〕
（ゆずりわたす）

「でもこのゲーム、本当に楽しいの？」

　なんて思う人もいるでしょうが、騙されたと思って１回やってみてください。漢字の参考書に英語がたくさん書いてあるちぐはぐ感、英語を調べてぴったりハマるような英単語が出てきたときの開放感、そして英語と漢字を同時に勉強する奇妙な感覚。意外とクセになって、楽しいです。

　その上で、このゲームを続けると、さまざまな発見をすることができます。

　例えば、「順序」という漢字でこのゲームを実践すると、「order」という英単語が出てきます。意外なことにこの「order」

という英単語、「秩序」という漢字でこのゲームをするときにも出てきます。「順序」と「秩序」は、違う意味ですが、両方とも「序」という漢字を含んでいますね？ 「order」は、漢字で言う所の「序」と同じ意味なのかも、なんて類推することができるわけです。

　他にも、「我慢」という漢字でこのゲームを行うと、「困難にあっても冷静でいること」＝「patience」、「許すこと」＝「tolerance」、「長期間耐えること」＝「endurance」という3つの英単語が出てきます。「そうか、我慢という日本語は、こんなに色々な意味があるのか」「しかも、英語だとそれらを分けて使うのか」なんて発見することができるわけです。

　こういう「ゲームをしていて見つけた、楽しい発見」というのは、暗記においても、そして暗記以外の分野でも、役に立つことが多いです。先ほど「order」という単語の面白さを語りましたが、「order」のさまざまな意味を問う問題は、実は東大の入試でも出ています。

　さらにこのゲーム、「英単語」と「漢字」、両方の知識がある程度ついてきた状態でやると、「なんだ、この漢字凄く難しそうだと思ったけど、こんな簡単な英単語で置き換えられるのか」「あの英単語、毎回意味が覚えにくいと思ってたけど、この漢字で置き換えられるのか！　今度和訳の問題が出てきたら、この漢字で

解答しよう」なんて具合に、「片方を知っているからもう片方もわかる」というような現象も起こるわけです。

　私も昔、「『容貌』って難しい漢字だなあ」と思いつつこのゲームをしたら「looks」と英語が出てきて「そっか、『ルックス』=『容貌』なのか！」と感嘆した覚えがあります。「容貌なんて難しそうな漢字だと思ってたけど、実際はルックスのことなんだ！それなら覚えられる！」と。
　こんな風に、「ルックス」という言葉を知っているからこそ、「容貌」という言葉も理解できる、なんてことが、結構このゲームを続けると起こるのです。

　さて、このゲームの効果が一番色濃く表れるのは、「英文を和訳しよう」とするときです。
　例えばみなさんなら、「He deceived me」という英語を、どう訳しますか？
　「deceive」=「だます」、ですから、「彼は私をだました」でしょうか？
　確かにそれでも正しいでしょうが、私はこのゲームを通して「欺く」=「deceive」だと知っていますから、「He deceived me」=「彼は私を欺いた」と訳します。こっちの方が、ちょっと小洒落れていませんか？

このゲームを通して、ちょっとした「漢字と英語」の対応を理解できるようになれば、和訳のときにちょっと小洒落ていてかっこいい訳が作れます。
　みなさんもこのゲームを実践して、「こんな小洒落れた和訳ができる自分、かっこいい」感を楽しんでください！

> **≫応用編**
>
> 余裕があったら、調べて出てきた英単語の類義語・反意語も調べてみましょう！　意外な発見があるかもしれません！

カラーリングノート ゲーム

SHOKYU　　　　JOUKYU
▶ CHUKYU　　　OUYOU

「ノートのキレイさが、暗記力に直結する」と私が言ったら、みなさんは同意してくれるでしょうか？

「えー、ノートがキレイである必要なんてあるの？　暗記とは関係ないんじゃない？」
「ノートなんて、自分で見返すためのものなんだし、別に無理して人から『キレイ』と言われるようなノートを作る必要はないんじゃない？」

なんて意見の人もいるでしょう。私も、昔はそんな風に考えていました。

私はめちゃくちゃ字が汚いですから、自然とノートもキレイには書けず、ある時期までノートはとんでもなく汚かったです。私のノートは誰が見ても「なんだこれ」「参考にならない」「まずなんて書いてあるのかわからない」と言われるような代物でした。

それが、ある時からノートの大切さに気付き、キレイに書こうと決意しました。

そのきっかけは、予備校で一番成績のいい人と友達になり、彼

のノートを見せてもらったことです。

「……なんだこれは⁉」

　雷が落ちたような衝撃でした。
　もう、自分のような凡人のノートとは根本から違うんです。「これで理解できない訳がない」「参考書でもここまで丁寧でわかりやすく作っているものはない」と思うぐらいに、キレイで、理解しやすいものでした。
「そりゃあ、こんなに覚えやすいノートで勉強できるなら、成績が良いのも当たり前だ……」
　思わずそう呟いて、そして私は気付きました。
　「暗記」は何度もノートを見返してこそできるもの。そのノートが汚ければ、「見直そう」という意欲もなくなってしまいますし、「暗記しよう」という気力も起きなくなってしまいます。
　つまり、暗記力の源泉はノートにこそあるのだ、と。

　それからというもの、私は東大志望の受験生や東大の学生のノートをごまんと見てきました。
　理系の人・文系の人。字がキレイな人・汚い人。シャーペンや鉛筆を使う人・ボールペンを使う人。本当にいろんな人のノートを見ました。
　あらゆる種類のノートがあり、工夫がありました。

その上で、普遍的にして絶対的な事実をここに述べさせて頂きます。

**　頭がいい人のノートって、やっぱり何か根本から凡人のノートとは全然違うんです。**
「こんなノート作ってるんなら頭いいに決まってるわ！」と思えるノートを、やっぱり頭のいい人は作るんです。
　まず、見ていて気持ちがいい。「こんなノートなら後から見直したいな」なんて思ってしまうぐらい、美しい。色の使い方もとても効果的で、レイアウトも美麗。
　そして面白いのは、別に字のキレイさは問題ではないということです。字が汚いけど頭のいい人はいくらでもいます。そしてそういう人のノートは、字が汚いなりに「丁寧な字で」書いてあって、文字だけでなく記号も効果的に使われているために理解しやすく、そして暗記もしやすいのです。
　おまけに、**「付随する情報」がたくさん書いてある**ものがほとんど。「こんなノートを後から見直したら力がつくだろうな」と思わずうなってしまうほどに情報量が詰まったノートを、偏差値の高い人の多くは作り上げているのです。

「どうしたら、こんなにキレイでわかりやすいノートができるんだろうか!?」
「ノートが滅茶苦茶汚い自分だけど、なんとか、キレイで力にな

るいいノートを作ることができないだろうか!?」

　当時の私は滅茶苦茶悩み、試行錯誤し、そしてついに、暗記ノート作成のゲームを編み出したのです。
　それがこの、色を効果的に使って、どんな人であってもわかりやすくてキレイなノートを作り出すことのできるゲーム式暗記術、**「カラーリングノートゲーム」**です。

　まずは「1つの科目・分野の言葉を覚えたい！」「単語や用語を暗記したい！」という人のための『単語まとめノート編』から見ていきましょう。

カラーリングノートゲーム　単語まとめノート編

1 **黒・青・オレンジ・赤・緑・ピンクの6色のペン、そしてノートを1冊用意し、「ノートにまとめ直したい」と考える分野を1つ選ぶ。**
覚えにくい分野・暗記しにくい単語などです。ペンの種類・ノートの大きさはなんでも構いません。

2 **単語を1つ書き、その下にその単語の情報を書いていく。その際、色を以下のように統一し、20単語書いた時点で以下の採点基準に沿って採点を行う。100点**

以上ならゲームクリア！

下の採点基準で100点以上が取れるようにノートを作ってみましょう。もし、採点して100点に届かなかったら、付随情報をもっと調べたり、ボーナスなどを使って、100点以上になるように頑張ってみましょう（ノートのイメージは132Pを参照）。

✓ 採点基準

・覚えたい単語—オレンジで書く…**1**点

・覚えにくい・忘れそうな単語—赤で書く…**1**点

・その単語の意味のまとめ—青で書く…**1**点

・その単語に付随する情報（類義語・反対語・関連語など）—ピンクで書く…情報の数×**1**点

・実際にその言葉が使われている問題や、その単語を使った例文の情報—緑で書く…情報の数×**2**点

＋ボーナス！

・その単語のイラスト…1つのイラストにつき**3**点（→イラストに関しては「イラストコンテストゲーム（→78Pを参照！）」を参照！）

・イコール〈＝〉や矢印〈→〉などの記号—黒で書く…使った記号×**1**点加算

ココでワンポイント!
記号は、使えば使うほどノートが見やすくなる！

　例えば、〈include〉という自分が覚えにくいと感じる単語を覚えようと思ったら、まずはそれを赤で書きます。〈include〉は「含む」という意味の言葉なのでそれを青で書き、その同義語はcontain・反対語はexcludeなのでそれをピンクで書きます。「This price includes tax. この料金は税を含んでいる」という例文が辞書に書いてあったので、それは緑で書きましょう。

　ここまでなら、文字がいっぱいで整理がつかない印象がありますが、includeと同じ言葉ということでcontainとincludeは＝で結び、excludeはそれとは反対の言葉なので↔で結び、例文とその日本語訳を→で結んで、なんて工夫していくと、一気にノートが見やすくなります。ちなみにここまでやれば、〈include〉という単語だけで点数が9点入ります。

　次は、「問題の解答・解説を暗記したい！」という人のための『問題まとめノート編』です。

カラーリングノートゲーム 問題まとめノート編

1 問題集の難しかった問題、解けなかった過去問などを選び、コピーしてノートに貼る。
短い問題文なら自分で書いても構いません。

2 模範解答を読みつつ、問題の下に答えや解説、重要な情報などを書いていく。その際、色を以下のように統一し、1問書き終わった時点で以下の採点基準に沿って採点を行う。25点以上ならゲームクリア！
模範解答の解説の内容を写しつつ、気になったところを自分で調べてみて、付随情報として書いてみましょう。なお、1つの大問で3〜4の小問を含むものは、25点×小問の個数を目標点数にしましょう。

STAGE 2 現役東大生が教える「ゲーム式」暗記術〈中級編〉

✔ 採点基準

- その問題の答え―オレンジで書く…5点
- 問題文の中で、解答のヒントとなる重要な情報―赤で下線を引く…5点
- 模範解答に書いてあった解説の要約―青で書く…5点
- 解答を導く上で必須となる知識や情報―ピンクで書く…5点
- その問題・解答で出てきた単語の意味の情報や、類似の問題の

情報─緑で書く…情報の数×**5**点

＋ボーナス！
・書き終わった後で、全体の中で個人的に重要だと思う箇所に二重下線を引く─黒で書く…引いた分×**2**点加算
・記述問題だった場合、矢印〈→〉とイコール〈＝〉、プラス〈＋〉などの記号を使いながら記述解答の要約が書ければ…**10**点加点！

このゲームを実践すれば、ポジティブなイメージが強く赤シートを使えば見えなくなるオレンジ・注意を呼びかける赤・集中力をアップさせ理解度を高める青・赤シートで消せて緊張を和らげるピンク・安心感を与える緑の5色を効果的に使ったノートを作ることができます。

　その上で、一番重要なのは「色が統一されている」ということです。自分も経験があるのですが、ペンの色ってその時の気分でコロコロ変えてしまいがちですよね？　でも、レイアウトとして、色の使い方が決まっていて統一されている方が、見直しやすいしキレイなんです。このゲームなら、それが実現できます。
　さらに、付随情報があればあるほど得点が高くなるため、「ゲームクリアしよう！」「点をもっと稼ごう！」と思えば思うほど、

暗記できるようになるのです。

　私がこのゲームを実践して3ヶ月が経ったある日のこと。
　友達からこんなことを言われました。
「西岡のノートって見やすいよな。字汚いけど」
「あー、わかりやすくてカラフルだよね。字汚いけど」
「ありがとう！　……って、そんなに字汚い？」
「読めるけど汚いな。お前の字、rとvの違いがたまにわからないし。でも、ノートはわかりやすくてキレイだよ」
「そうそう、字汚いけど、いいノートだよね」
「褒められるのは嬉しいけどそこまで字の汚さを強調しなくても良くない!?」
　なんて話しつつ、とても嬉しかったのを覚えています。

　字の汚い人間であっても、凡人であっても、このゲームを実践すれば『いいノート』を作ることができます！　皆さんもぜひ、実践してみてください！

> **応用編**
>
> 慣れてきたら、単語まとめノートの目標点数を120点に上げ、採点基準に「その単語が答えになる問題—赤または青で書く 問題の個数×2点」を付け加え、**「作問コンテストゲーム（→104Pを参照！）」**と併用してみましょう！

[フィクション]
事実に基づかない作り話。架空の話。
類義語:作り話＝虚構　反対語:ノンフィクション
例文「この話はフィクションです」

[日和見主義]
主体性がないこと。保身のために強者に迎合するさま。
類義語:事大主義＝事なかれ主義　関連語:付和雷同
例文「権力者に対して日和見主義で迎合した」

[include]
含む
同義語:contain　反対語:exclude(除外する)
例文「This price includes tax」「この料金は税を含んでいる」

▶ちょい技！ 復習週間ゲーム！

　序章で、私が海馬の話をしたのを覚えていますか？　新しい情報は脳の中の海馬という所に送られ、そこで取捨選択を受け、覚えるべきと判断された情報のみ大脳皮質に送り、暗記する、という話です。
「覚えていない」？　ということは、海馬くんがこの情報を大脳皮質に送ってくれなかったみたいですね。

　そこで、**海馬くんはどういう情報を大脳皮質に送ってくれると言ったか、覚えていますか？**

- **何度も復習した情報**
- **感情と結びついた情報**

　この２つでしたね。海馬は重要だと判断した情報のみを大脳皮質に送りますから、何度も頭に入る情報や、感情と結びついた情報は、「重要だ」と判断してくれるのです。だから、この２つを意識すれば、たくさんのことを暗記できる訳ですね。

　後者に関しては、「ゲーム式」ということで、クリアできていると思います。「暗記できて、ゲームクリアできて嬉しい」と感じたり、「暗記できなくて、ゲームオーバーで悔しい」と感じるたびに、その感情が海馬へと送られ、情報を大脳皮質に送ってくれる訳です。

でも、前者の「何度も復習」というのは、なかなか難しいです。「予復習カウントゲーム」でも述べたように、復習って意外とハードルが高いんですよね。1回勉強したことだからつまらないし、私たちはつい復習を忘れてしまいがちです。

　そこで今回、自分が習慣的に復習しているか否かが客観的にわかり、無理なく復習できるようになるちょい技を紹介したいと思います。

【復習週間ゲーム】

1「復習しないと！」と感じたら、机にその日から1週間の日付と、「**自分への大きなご褒美になること**」「**自分へのささやかなご褒美になること**」を書いた紙を貼る。

　このご褒美は、「STAGE 0」で紹介した「ご褒美設定法」を使って設定すると良いと思います。

〈大〉 好きなロックバンドの ライブに行く	10/4	10/5	10/6	10/7	10/8	10/9	10/10
〈小〉 好きな漫画の 新刊を読む	10/4	10/5	10/6	10/7	10/8	10/9	10/10

2 1日30分の復習を自分に課し、復習した日には〇をつける。

　10／4に復習したら、10／④ と書いておく、ということです。復習できなかった日には何も書かず、30分復習した日にだけ〇

です。

〈大〉 好きなロックバンドの ライブに行く	⬤10/4	10/5	⬤10/6	10/7	⬤10/8	⬤10/9	⬤10/10
〈小〉 好きな漫画の 新刊を読む	⬤10/4	10/5	⬤10/6	10/7	⬤10/8	⬤10/9	⬤10/10

∋ 1週間経って◯が0〜2個ならご褒美無し・3〜4個なら小さなご褒美・5〜6個なら大きなご褒美・7個すべてなら両方、自分へのご褒美を与える。

　上の図のようになっていたら、「大・好きなロックバンドのライブに行く」という感じです。

　こうすれば、復習を忘れていると「全然◯が付いてない！」「ちゃんと復習しなきゃ！」という意識が生まれて、ちゃんと復習できるようになります。ご褒美があるから楽しく復習できるので、海馬くんもウハウハで情報を大脳皮質へと送ってくれることでしょう。

　いかがでしょうか？　ゲーム式暗記術でも、「カラーリングノートゲーム」や「自分だけのスーパー単語帳改造ゲーム」など、そのあとの復習が必要なものもあります。それらを実践した後に、ぜひ「復習週間」を設けて、暗記を復習してみてください。

STAGE 3

現役東大生が教える 「ゲーム式」暗記術 〈上級編〉

SHOKYU
CHUKYU

▶ JOUKYU
OUYOU

このステージに登場するゲーム

- ▷ どれぐらい頭に入ったかな? **「メモリーチェックゲーム」** … 142
- ▷ 単語帳をオリジナルに改造! **「自分だけのスーパー単語帳改造ゲーム」** … 149
- ▷ 3日後のあなたと、真剣勝負! **「タイムカプセル暗記ゲーム」** … 157
- ▷ ひっかけ問題に強い暗記を! **「ひっかけ問題作成ゲーム」** … 164
- ▷ 『速読』では暗記はできない!? **「遅読(スローリーディング)ゲーム」** … 171
- ▷ あなたの好きな歌は、アニメは、ドラマは、英語だったらどうなるの? **「トランスレーター体感ゲーム」** … 177

LEVEL ★★★

どれぐらい頭に入ったかな?

メモリーチェックゲーム

SHOKYU CHUKYU　　▶ **JOUKYU OUYOU**

例えば、授業を受けた後、または参考書を読んだ後に、「自分はどれくらい今日の内容を覚えられたんだろう?」「本当に理解できたんだろうか?」と不安に思うことはありませんか?

　私も経験があるのですが、**授業や参考書の内容の理解度・暗記度って、自分じゃなかなかチェックできないんですよね。**
　もちろん、天才でもない限り、授業や参考書の内容を1回で完全に理解し暗記することは不可能です。後から、理解できていないところ・忘れているところを復習しなければいけません。
　しかし、どこが抜け落ちていて、どこの理解が不十分なのかというのは、自分ではなかなかわからないですよね? そして復習しようにも、理解している内容ばかりをチェックするのは時間のムダですし、もう覚えている事柄ばかりを見直すのでは何の力にもなりません。**もし自分の弱点がわかっていれば、そこを補強する**ことで、**完全な理解・暗記に一歩近づけるのです。**でもそれが、見えにくい。

「どうしたら、勉強した内容がどれくらい頭に入っているかがわかるんだろう？」
「なんとか、自分がわかっていないところを見つけ出すことはできないだろうか？」

　そうした悩みを解消するのが、この**「メモリーチェックゲーム」**です。

メモリーチェックゲームのルール

1 授業や参考書の理解度・暗記度を試したいと思ったときに、真っ新な紙とペンを用意する。

授業を受けたその日のうちでもいいですし、後から「この参考書の復習やってない！　やらなきゃ！」と思ったタイミングでも構いません。
ただ、「まったく思い出せない！」となってしまってはこのゲームは成り立たないので、そこまで間を空けずに行うといいと思います。大体、勉強してから1週間以内が目安です。

2 試したい授業・参考書の内容、重要事項などを、真っ新な紙にできるだけたくさん書き出してみる。

何も見ないでください。ただ自分の頭の中にあること

を、思い出せる分だけ、書き出してみてください。
注意して欲しいのは、別に「ノートを丸写ししよう」と思う必要はない、ということです。形式は問いませんし、はじめのうちは箇条書きで構わないので、「先生はどれを覚えろって言ってたかな？」「参考書には何が大切だと書いてあっただろう？」と、学んだことを再現してみようとすることが大切です。
「覚えていることは全部書いた！」と思ったらルール3に進みましょう。

3 ノートや参考書を見つつ、書き出した内容をチェックし、自分が理解できていないところ、覚えられていないところがわかればゲームクリア！

ノートや参考書を見つつ、どれが抜けていたのか、どこの理解が薄いのかを確認し、どれくらい内容を再現できているかを確かめてみましょう。あくまでこのゲームは理解度・暗記度をチェックするゲームなので、あまり覚えられていなくても落ち込まなくていいです。「あまり理解できていなかったんだな」ということがわかったわけですから、その分暗記しようとすればいいのです。

4 〔ボーナスステージ！〕書けていないこと、間違って

覚えていたところを赤ペンで書き足したり修正したりしよう!

どこが覚えられていないのかわかったら、そこを復習しましょう。このゲームで自分の理解できていない弱点がわかったはずです。そこを補強すれば、効率的な復習に繋がります。

ココでワンポイント!
一つ一つの事柄の関連性も確認してみよう!

一度やってみてもらえばわかると思いますが、このゲームで再現度を上昇させるテクニックは、**「1つの単語・事柄から他のものを関連させて思い出す」**というものです。

例えば、「カエサルがクレオパトラと結婚して……あれ? クレオパトラって何朝の人なんだっけ?」「たしかプトレマイオス朝の人だったよな。プトレマイオス朝の都の名前も、今日の授業で先生が言ってたはずだ」といった風に、1つの事項から芋づる式に他の事項を引っ張ってくると、思い出しやすいのです。

このテクニックを利用しつつ、実践してみてください!

このゲームを実践すれば、**自分の暗記・理解の「穴」になっている部分が確認できます**から、そこを埋めることで完璧な暗記・完全な理解をすることができます。

その上でこのゲームのいいところは、**「一つ一つの事柄の関連性も確認できる」**ということです。先ほど述べましたように、一つの事柄と関連させて別の事柄を引っ張ってくる、というのがこのゲームのテクニックです。こうやって他の事柄との連関で思い出したもの・再現したものは、実は思い出しやすく忘れ難いという特質を持っています。例えば、1129という4桁の数字を「1と1と2と9」という風に覚えるよりも、「1129（いい肉）」という風に覚える方が覚えやすいですよね。「関連させる」というのは、「1と1と2と9」を「1129（いい肉）」に直すという作業のことです。

　そしてこのゲームは、単なる確認作業に終始するものではありません。「思い出して書いてみる」というこのゲーム自体が、復習にもなっているのです。ただノートを見返すだけでは覚えられる事柄も少ないし、自分が理解しているところ、していないところを判別することができません。**しかし、このゲームなら、習ったことを復習しつつ、わからないところがどこかを知ることができるのです。**

　さらに、このゲームに慣れてくると、「後から『メモリーチェックゲーム』を実践した時に、ゲームクリアできるようにしておかないと！」という意識が生まれ、授業を受けるときの態度、参考

書を読むときの意識が変化するのです。具体的に言えば、「後からアウトプットするんだ！」と思うからこそ、受け身で授業を聞いたり参考書を読むことがなくなり、「覚えなきゃ！」と思えるようになって、集中力が高まるのです。
　こんな風に、このゲームは暗記に効果的なさまざまなポイントを含んでいるのです。

　さてこのゲーム。実践してみるとわかるのですが、このゲームを実践するのが特に大変な授業・参考書が存在します。

「この先生の授業は本当に書くこといっぱいあるな！　書けるだけ書いたけど半分も書けてない！」
「この参考書、何だか書かなきゃならない事柄が多いなぁ……」
　といった具合です。

　私も、「この先生の授業、めちゃくちゃ書くこと多いなぁ！毎週毎週、他の授業に比べて２倍ぐらいの分量あるよ！」と思う授業がありました。毎回毎回、１枚の紙に収まらず、ルール４の時に赤ペンで書き足すのも大変でした。
　でも、後になってから気付いたのです。
「書くことが多い、ってことは、それだけ情報量・教えてくれている量が多いってことだ。あの先生の授業は、生徒にとって力に

なるいい授業だからこそ、大変なんだ」

　進みがはやくて生徒から見れば「大変な授業」を展開していたその先生に、私は感謝しました。「大変な授業」こそ、「いい授業」だったのだと。

　ですからみなさんも、このゲームを実践して**「この参考書大変だな」「この授業、キツイな」と思う授業・参考書に直面しても、諦めずがんばってみてください。きっと、大変な分、力になりますよ。**

> **》応用編**
>
> 「赤ペンで書き加えることが多かったな」「あんまり思い出せなかったな」と思う授業・参考書は、もう一度日を改めて実践してみましょう！　８割方書けるようになるまで何度も繰り返せば、大部分は暗記できたことになると思います！

LEVEL ★★★

単語帳をオリジナルに改造!

自分だけのスーパー単語帳改造ゲーム

SHOKYU CHUKYU ▶ **JOUKYU OUYOU**

私が高校生になりたての頃。「英単語の勉強しなきゃな、単語帳でも買おうかな」と考え、書店に向かいました。

　書店の「参考書」コーナーの一角に、「教科；英語」と書かれた本棚がありました。さて、ここから英単語帳を1冊……と考えて見てみると。

「……あれ、英単語帳ってこんなに種類あるの!?」 とびっくりしました。

　耳で聞いて覚える単語帳、文で読んで覚える単語帳、類義語・反意語と絡めて覚える単語帳、試験に出る順番で並んだ単語帳……。
　そんなに大きな書店じゃないのに、50冊以上置いてあったのです。

「英単語帳って、こんなに世の中に溢れているものなんだな……」

　大きい書店だと、2〜300種類以上置いているところもあるそうです。おそらく全国の書店で、こんな現象が起きていると思います。

少ないよりは多くの種類があったほうがいいのかもしれませんが、しかしこんなに種類があると、1つ問題が起こりますよね？

「こんなに単語帳があって、いったいどれがいいんだろう……」

　そう、選べないのです。
　どれが自分に合っている単語帳か、どの単語帳が暗記しやすいのか、そう考えて悩んでいるだけで、時間が経ってしまいます。
　けっきょく私も、書店で1時間も悩んでしまいました。こんな風に、書店で単語帳選びで悩んだ経験がある人、意外に多いのではないでしょうか？

　でもみなさん、よく考えてみてください。
　完璧で十全で、めちゃくちゃ暗記できる最高の単語帳が、世の中に売っていると思いますか？
　もしそんなものが売っているのであれば、世の中に単語帳が溢れかえることもないですよね？
　すべての単語の類義語、反意語、関連語、その単語の覚え方等々が完璧に載っている単語帳は存在しません。逆に、そういうすべてのものが載っていたら、どれを覚えていいかわからなくなってしまいますよね？
　また、あなたが覚えていない単語にだけ詳細な説明があり、あなたがもう暗記している単語は載っていない単語帳がどこかに

売っていると思いますか？　そんなもの世の中に売っているわけがないですよね？

　だから、自分にとって完璧で十全な単語帳は、自分で作るしかないのです。

「えっ、自分で単語帳を作る!?　そんなの無理だよ！」

なんて思う人もいるかもしれませんが、大丈夫です。「一から作れ」なんて言いません。この**「自分だけのスーパー単語帳改造ゲーム」**なら、簡単に自分だけの単語帳が作れます。

自分だけのスーパー単語帳改造ゲームのルール

1　市販の単語帳を1冊用意する。

　どれでもいいです。書店で一番最初に目に入った単語帳でいいです。

　もう一度言います。どれでもいいです。

2　もう暗記している単語には○を、暗記できていない単語には×を、微妙な単語には△を付ける。

　後から「この単語はもう覚えたな」とか、「やっぱりこの単語は覚えられてないかも……」というものも出

てくるかもしれないので、鉛筆やシャーペンなど、後から消せるようなペンで書きましょう。

3 △と×の単語を重点的に、辞書で類義語・反意語・派生語・その他「覚える必要がある関連情報」を調べてみて、直接単語帳に書き込む。

電子辞書でも紙の辞書でも、ネットの辞書でもなんでもいいです。とにかく、その単語帳に書いていない情報を、書き込んでみましょう。

4 △と×の単語を重点的に、語呂合わせや語根等の「覚えやすくなりそうな情報」を書き込む。

「語呂合わせコンテストゲーム（→40Pを参照！）」や「イラストコンテストゲーム（→78Pを参照！）」と併用してもいいので、その単語に付随する「覚えやすくなりそうな」情報を書き込みましょう（「語根」に関しては後述）。

5 単語帳のすべての単語で1～4を実践し、「自分だけの単語帳」が作れればゲームクリア！

どんな単語帳でも、ここまでくれば「自分の暗記していない単語」「単語に付随する暗記すべき情報」「単語が覚えやすくなる情報」が全部詰まった、世界に1つ

だけの「あなたのための単語帳」が完成するはずです。

🎮 〔ボーナスステージ！〕問題を解いたり、他の単語帳・参考書で「自分だけの単語帳」の単語が出てくる度にチェックし、もし「自分だけの単語帳」に書いていない情報が出てきたら、その都度に書き加えるようにする。
「自分だけの単語帳」は活用してこそ輝きます。持ち歩き、新たな情報を随時更新して、暗記にどんどん役立てましょう。

ココでワンポイント！
必要だと思った情報は、ガンガン書き込もう！

例えば、スペルが似ている単語が問題で出てきて間違ってしまった場合、その「スペルが似ている単語」も書き込んでおきましょう。

また、問題集を解いている時にその単語を用いた問題があったらその問題集の名前とページ数をメモしておいて、後から復習の時に見返す、というのも力になります。

なんでもない単語1つでも、文法・熟語・類義語・対義語など、さまざまな情報を持っているものです。特に×や△がついた単語に関しては、たくさん情報を書き込むようにしましょう。

△ active 活動的な
反対語 inactive 非活動的な
派生語 act 行動する

× dual 二つの・二重の
　↑duは「2」を表す語根。「デュエット」と同語源。
　　同じように、duplicateで「複製する（2つのものにする）」がある

△ rational 合理的な・理性的な
反対語 emotional（感情的な）/irrational（非合理的な）←〔irで否定の意味〕
関連情報；「reason」にも「理性」という意味がある！

× cooperate 協力する
　↑co(=共に)+operate(=働く)
情報；withと一緒に使われることが多い
派生語 cooperative 協力的な

　ルール４の「**語根**」というのは、単語を構成する、単語の成り立ちに関わる要素のことです。「語源」とも言います。「uni」＝「１つ」という語根を持つから「uniform」＝「制服（みんなが１つのものを着ている）」、「universe」＝「宇宙（１つの世界）」という単語の意味もそれに付随するものになる、といった具合です。

　最近の辞書はかなり進んでいて、こういった語根の情報なども詳しく書いているものも多いです。例えばsubjectと調べると、「sub」＝「下に」、「ject」＝「投げる」という語根の意味が書いてあり、「そこから『支配下にある』という意味が出てくる」な

んてことまで書いてあります。こうしたすべてを書き込む必要はもちろんないですが、しかし「これは暗記に役立つ情報だ！」と思うものに関しては、どんどん書き込んでいきましょう。

　こうした「自分なりの」改造を積み重ねれば、誰でも「自分だけの完璧な単語帳」を手に入れることができます。そして、重要なのは、こうした改造の作業そのものが、実は単語を覚えることにつながるのです。
　普通、単語帳を見ている時には、その単語を辞書で調べたり、類義語等を探したり、なんて作業はしませんよね？　「へー、この単語はこんな意味なのか」と何も考えずに単語帳を眺めてしまいがちです。

　眺めているだけでは、暗記は絶対にできません。注意して見て、頭に入れようと思わないといけないのです。
　自分で考えて、自分で調べて、自分で書き込む。この作業こそ、眺めることの防止であり、暗記することの近道なのです。

　私がこのゲームを通して、「自分だけの単語帳」を作成した後のこと。
　もう一度、書店に行って単語帳を見てみました。
　10冊ほどパラパラとめくって、情報量などをチェックした後に、一言。

STAGE 3 現役東大生が教える「ゲーム式」暗記術〈上級編〉

「僕の『自分だけの単語帳』が一番だな」
そう言って、書店を去りました。

みなさんも、そう胸を張って言えるぐらいの、「自分だけの単語帳」を作ってみましょう！

> **≫応用編**
>
> 余裕があったら、ルール３で書き加えた類義語・反意語・派生語をさらに辞書で検索してみましょう！ それでもし意外な発見があったら、その情報も書き込みましょう！

LEVEL ★★★

3日後のあなたと、真剣勝負!

タイムカプセル暗記ゲーム

SHOKYU
CHUKYU
▶ JOUKYU
OUYOU

突然ですが、暗記する上で「一番大変なこと」はなんだと思いますか?

暗記するために単語帳を読むことでしょうか?

暗記するべき言葉をピックアップすることでしょうか?

それらも大変ですが、**一番大変なことは暗記したものを『定着』させることではないでしょうか。**

人間は、忘れる生き物です。それが凡人であればなおさらのこと。

私も「英単語を1日で100個暗記しよう!」と考えて毎日100個がんばって覚えようとしたことがありますが、3日で断念しました。

なぜって? 3日目に2日前の単語のテストをしたら、40個も覚えていなかったからです。

「そんな馬鹿な!? 2日前にはきちんと全部暗記したつもりだったのに!」

「2日やってなかっただけで、なんでこんなに忘れてるんだ!?」

と、愕然としたのを良く覚えています。

「その日は暗記したつもりになっていた単語を、2〜3日経ったら思い出すことができない」。こんな経験、みなさんにもありませんか?

暗記の難しさはここにあります。「暗記したものを覚えたままにする」、すなわち『定着』させることこそが難しいのです。

2〜3日でこんなに忘れているのですから、まして1ヶ月・1年と暗記したものを覚えたままでいるようにするためには、何度も継続して復習し、忘れていないかをチェックする必要があるでしょう。

しかし、この**「忘れていないかをチェックする」というのもまた、ハードルが高いです。**そもそも、チェックするのは「覚えたつもり」になっている単語。つい、「チェックしなくても8割方は覚えている」と思ってしまうのが普通ですよね?

実際は5割も覚えていなくても、人はなぜか自信を持ってしまい、忘れていないかをチェックすることを面倒臭く捉えがちです。

「簡単に暗記を定着させることはできないだろうか?」
「ゲーム感覚で忘れていないかチェックすることはできないかな?」

そんなときにやってほしいのが、この**「タイムカプセル暗記ゲーム」**です。

タイムカプセル暗記ゲームのルール

1 暗記したい参考書・単語帳を用意し、範囲を区切り目標を定める。

「よし、この単語帳で100個ずつ覚えよう！」「この参考書を5ページずつ暗記しよう！」など、とにかく目標を持ってみます。

2 一通りその範囲を暗記したな、と感じたらその範囲の20問テストを作成する。

問題の形式は何でも OK です。「Qこの単語の意味はなんですか？」といった一問一答のものでも、「Qこの単語の意味を次から選びなさい」といった選択式のものでも、「Q次の空欄に当てはまる言葉を入れなさい」といった穴埋め問題でも、もしくはそれらをすべてミックスしても OK。20問テストを作ってみます。

3 作成したテストをコピーして、保管しておく。

保管している間はこのテストを見てはいけません。このテストこそ「タイムカプセル」なのですから。

4 2日間「テスト勉強」をした上で、3日後、このテストを解いてみる。満点が取れればゲームクリア！

STAGE 3 現役東大生が教える「ゲーム式」暗記術〈上級編〉

「タイムカプセル」は見てはいけませんが、その範囲の復習はしてみましょう。満点を取れるように、テスト勉強するのです。

ただし、テスト当日はなるべく見ないようにしましょう。特に直前に答えの確認をしてしまうのは避けましょう。

そしてテストは、18点でも19点でもダメです。満点が取れなければ『ゲームオーバー』です。3日前の自分の作ったテストで満点が取れるかを本気で試してみます。3日前の自分と、真剣勝負するのです。

ゲームオーバーなら、もう一度きちんとその範囲を覚え直しましょう。そうして次の日、もう一度テストです。満点が取れるまで、繰り返しましょう。

ココでワンポイント！
20問テストは、「このテストを解く人間が満点をなかなか取れないように」作るのが重要！

自分が「この単語難しいな」「なんか3日経ったら忘れてそう」と感じたものでテストを作るようにすると、このゲームの効果がグッと上がります！

「自分で作ったテストだし、間違えるわけないじゃん！」と考える人もいると思いますが、そういう人はとりあえず一度、このゲームを試してみてください。

　意外と、『満点』が取れないです。
「うわ!?　この単語忘れてる！」「あれ!?　スペルミスがある！」など、復習していないと、なんだかんだでミスをしてしまいがちです。

　なぜか？　簡単です。それは、問題を作ったのが自分だからです。

　この世で一番、自分の暗記しにくい単語や自分が忘れそうな言葉などを知っている、最高の出題者。それが自分です。そんな3日前の自分が、「満点を取らせないように作った」テストです。簡単には満点が取れません。

　だからといって「解けるような簡単な問題を作ろう」と思ってはいけません。自分と自分との真剣勝負であるからこそ、定着するのです。問題を作る時は真剣に、解く人が満点を取れないように問題を作る。問題を解く時も真剣に、事前に復習をしつつ、満点を取れるように頑張る。**このゲームを真剣にやればやるほど、過去の自分と切磋琢磨して、暗記したことが定着するようになるのです。**

　私が100個ずつ暗記をしようと決めて、このゲームをしてみた時のこと。

　初めの100個のテストは、問題なく満点が取れました。

　しかし満点が取れた時、なんだか悔しくなりました。

「『問題を解く側』としては満点は嬉しいけれど、『問題を作った側』としては、なんだか悔しいな」

　そして、次の100個のテストに関しては15点でした。悔しかったから、問題を難しく作ったのです。

「こうなると、『作った側』としては嬉しいけど、『解く側』としては悔しいぞ」

そんな風に、問題を難しく作るのと、その問題を必死に解くのとで一生懸命になり、気が付いた時には2000語の単語帳はすべて暗記していました。

　そのテストを友達に見せたら、「なにこれ！　難しく作りすぎだろ！」と言われました。熱くなっていて気付きませんでしたが、問題を作る側として満点を取らせないように意地悪で難しいテストを自分に課していたのです。

　最近になって当時のテストを自分で見返してみましたが、確かに難しい。紛らわしい選択問題やスペルミスしがちな単語、複雑な単語のオンパレードでした。

　でも、自分は難なく満点が取れました。暗記が定着していたようです。また、ちょっと悔しくなりました。

≫応用編

「3日で100個とかだと、ちょっとペースが遅いと感じる」という方は、200個に増やしてみましょう。その分テストの分量も40個に増やしてみて、40点満点を目指しましょう。また、3日後だけでなく、1週間・1ヶ月経ってもう1回テストしてみるのも力になります。本当に定着しているかどうか、試すことができます。また、難なく満点が取れたテストほど、1週間・1ヶ月後に解くとヒドい点数になったりします。「満点だったからもういいや」とは思わないようにしましょう。

LEVEL ★★★
ひっかけ問題に強い暗記を!
ひっかけ問題作成ゲーム

SHOKYU　　▶ JOUKYU
CHUKYU　　　OUYOU

突然ですが、なぞなぞです。
暗記をすれば暗記するほど、出てくるものってなんでしょうか?

答えは簡単、**紛らわしい言葉**です。
例えば、英単語でいうならば「bare（裸の）」と「bear（耐える）」だったり、「lamp（ランプ）」と「lump（かたまり）」だったり、「detect（みつける）」と「defect（欠点）」だったり。いやあ、紛らわしいですね。スペルがほんの少し違うだけで見分けなきゃいけないですから、とても大変です。

スペルが紛らわしいもの以外にも、「fare（運賃）」と「fee（謝礼）」のように両方とも「料金」という意味だけど微妙に使えるタイミングが異なっていて紛らわしいものや、「work（仕事 不加算名詞）」と「job（仕事 加算名詞）」のように同じ意味だけど使い方が違って紛らわしいものなど、紛らわしい言葉はたくさんありますね?

暗記すればするほど、知識量が増えれば増えるほど、こういう

紛らわしい言葉に悩まされるようになります。

　でも、こういう微妙な違いを問う、意地の悪い問題というのが、あるんですよね。そう、**「ひっかけ問題」**です。
　４択の選択肢問題で、

「Q次のうち『裸の』という意味の英単語はどれか。
①bear ②bare ③beer ④bore」

　なんて具合に、紛らわしい言葉が選択肢に使われた意地悪なひっかけ問題が出題されると、途端にその問題の正答率は下がります。

　まず、パッと選択肢を見て「これでしょ？」と選択肢を選んだら引っかかってしまいますよね？　正しい答えを選ぶには、「この選択肢はひっかけだな！」「この選択肢とこの選択肢で迷わせようとしてるんだな！」と、きちんとひっかけ問題だと認識した上で、紛らわしい２つ以上の言葉の意味をきちんと暗記しておき、ひっかけの選択肢に迷わされることなく選ぶ必要があるのです。これって、結構大変ですよね。

「一体どうすれば、ひっかけ問題にひっかからないように暗記できるのだろうか？」

この問いの答えを、私は中国四千年の歴史に求めたいと思います。
『彼を知り、己を知れば、百戦殆うからず』。孫子の言葉です。
「敵についてきちんと理解し、自分の力をちゃんと把握すれば、どんな勝負にも負けない」という意味ですが、私はこれが答えだと思います。
　ひっかけ問題にひっかからないようにするためには、「敵を知り」、そして「己を知れば」いいのです。

　どういうことかというと、まずひっかけ問題を作るのは作問者という「敵」です。作問者の意図、つまり作問者がどういう風にひっかけようとしているのかがわかれば、ひっかけ問題でひっかかることもないですよね？　これが「敵を知る」です。
　その上で、自分がどんな選択肢を「紛らわしい」と思うのか。「この単語とこの単語が一緒に出てきたら紛らわしいな」といったことを、きちんと認識して確認しておけば、正しい選択肢が選べますよね？　これが「己を知る」です。

　この、「敵を知り、己を知る」ということを実践して、「ひっかけ問題にひっかからない暗記」を行うのが、**「ひっかけ問題作成ゲーム」**です。

ひっかけ問題作成ゲームのルール

1 暗記したい単語・重要そうな用語を1つ、用意する。

2 その単語・用語が答えになる問題を用意する。
問題集で探してもいいですし、自分で作ってもいいです。あるいは、自分が過去に解いていてひっかけられた問題を持ってきても構いません。「Qこんな意味の英単語を答えなさい」とか「Q次の文に当てはまる用語を答えなさい」と言った具合です。

3 他の3つの選択肢を考える。この時、解く人がなるべくひっかかりそうな選択肢を徹底的に考えてみる。
例えば、先ほど紹介したような、スペルが似ている英単語、名前が似ている用語などの、紛らわしいものを探してみたり。あるいは、問題の問い方がほんの少し違っていたら答えになるような惜しいものを考えてみたり。そんな風に、「人が間違って選んでしまいがちな選択肢」を自分で作ってみましょう。

4 こうして、ひっかけ問題が作れたらゲームクリア！
機会があるなら友達にその問題を見せて、友達がひっかかったらあなたの勝ち！

STAGE 3 現役東大生が教える「ゲーム式」暗記術〈上級編〉

> 意地悪な出題者になった気分で、選択肢の中から正解を選び出すのが難しい、ひっかけ問題が作れればゲームクリアです。作ったひっかけ問題は保存して、何度か見直せば、紛らわしい言葉を暗記できるはずです。

ココでワンポイント!
「ひっかけ選択肢」を作ることで、敵を知り、己を知ろう!

 最初のうちは間違いの選択肢を3つも作るのは難しいと感じるかもしれませんが、**「音の響きが似ている」**とか、**「似たような意味だ」**とか、そういう風なもので構いません。「visitor（訪問客）」を答えにしようと思ったら、「お客」という意味なら似たような意味ですから「customer（お店の客）」や「passenger（乗客）」とか、あるいは言葉が似ている「viewer（テレビ視聴者）」や「visor（覆面）」とか。

 慣れてくると「どの3つにしようかな?」と悩むくらいたくさん思いつくことができるようになると思います。

 こうやって選択肢を作り、「どういう選択肢なら解く人は引っかかるだろう?」と考えるのは作問者の視点に立って考えることにつながりますし、また「どういう選択肢が紛らわしいだろう?」と自分で考えてみることは、「自分がどういう選択肢だったら紛らわしいと感じるのか」ということを理解する機会にもつながります。作問者の意図（敵）を知り、紛らわしいと感じる言葉（己）

を知ることが、できるわけです。

　このゲームを実践することで、**暗記したい単語・用語と似ている紛らわしい他の言葉を把握することにもなりますし、その暗記した単語・用語がどのように問われたら間違いやすいかを理解することにもつながります。**

「どの単語でやっていいのかわからない！」と感じる人もいると思いますが、とりあえず初めのうちは「紛らわしい言葉が多そうだなあ」と感じる単語や用語で構いません。また、自分がひっかかったひっかけ問題の答えになっていた単語・用語を用いても大丈夫です。このゲームを実践して、「ひっかけ選択肢作り」に慣れてきたら、なかなか覚えられない単語・用語を選んでみましょう。

　さてこのゲーム。意地悪な作問者になったつもりで問題を作り、「敵（作問者）を知る」わけですが……。
　このゲームを実践し続けると、本当に自分が「意地悪な作問者」になってしまうことがよくあります。

　どういうことか。自分が作った問題で引っかかるようになるんです。
「なんだこの紛らわしい選択肢！　誰だこんな問題作ったやつ！

……あ、俺か」

　みたいな感じで、見直しを怠ると自分の問題で自分自身がひっかかってしまうようになってしまうのです。

　こうならないように、何度か作った問題を見直しつつ、そして「見直せてないな」「忘れているな」と感じたら自分で自分の問題を解いてみて、「ひっかけ問題に強くなる暗記」を実践してみましょう！

> ≫ 応用編
>
> 「タイムカプセル暗記ゲーム（→157Ｐを参照！）」と併用して、敵（作問者）になった自分と本当に戦ってみるのも楽しいです！　ぜひ実践してみてください！

LEVEL ★★★

『速読』では暗記はできない!?
遅読(スローリーディング) ゲーム

SHOKYU
CHUKYU

▶ JOUKYU
OUYOU

私が昔、「参考書の内容を暗記しよう！」と思った時のこと。
1冊の参考書を選び、「よし！　この参考書を暗記するぞ！」と意気込んで、早速読み始めてみました。

「ほう。へえ。ふーん。なるほどー。ほうほう」
ペラペラと読み進め、1章分約30ページを、15分ほどで読み終わりました。
「よーし！　読んだぞ！　さーて、どれくらい覚えてるかな」
そう言って暗記度をチェックすると、あらびっくり。
「ぜ、全然覚えられてない……！」
そう、全体の3割も覚えられていなかったのです。
「な、なんで!?」

当たり前です。だってペラペラ眺めてただけなんですもの。天才じゃないんですから、1回ちらっと眺めただけで暗記できたりなんてしませんよ。

みなさんもこんな経験、あるのではないですか？　暗記しよう

と思って参考書を眺めてたけれど、全然覚えられない、なんて経験。みなさんが一瞬ですべてを記憶できるような天才でない限り、一度は経験があるはずです。

　その上で、人は参考書でも単語帳でも、とにかく速く読もう、先を読もうと思いがちです。
　最近では「速読」と言って、『問題文をはやく読む力が大切！』と述べ、それを推進する人も多いです。
　でもみなさん、これだけははっきり言わせてください。
　こと暗記において、「速読」ほどタチの悪いものはないです。
　確かに、限られた時間で問題を解かなければならない試験会場でなら、はやく読むに越したことはないのでしょう。
　しかし暗記は、一つ一つの言葉とその意味をしっかり把握し、深く理解してこそ可能になるもの。それが、「速読」でできるでしょうか？　ただ参考書・単語帳を眺めて、「へー」と思いながらパラパラめくることで、暗記ができるでしょうか？　それができる人は、ごく一握りの天才だけだと思います。

「じゃあ、どうすれば暗記できるの？」

　簡単です。「速読」で暗記ができないのならば、「遅読」をすればいいのです。
　暗記をするためのテクニック・「遅読」を身に付けるためのゲー

ムが、今回ご紹介する**「遅読（スローリーディング）ゲーム」**です。

遅読（スローリーディング）ゲームのルール

1 暗記したい参考書・単語帳を選ぶ。

2 1ページ10分のペースで、そのページのすべてを暗記するつもりでじっくり読む。その際、単語や用語の意味を辞書で調べてみたり、暗記が難しいと感じるものに線を引いたりして、とにかくそのページの内容についてこぼすところのないようにしっかり理解し、暗記する。

1ページ10分です。10分より短くならないようにしましょう。逆に、10分以上になっても問題ないので、そのページのすべてを覚えるつもりで、丁寧にしっかりと、調べつつ読み進めていきましょう。「全部理解できた！」「暗記できた！」と思ったら、ルール3に進みます。

3 3ページ読んだ段階で、白い紙にそのページに書いてあった内容を簡単にまとめられるかチェックし、まとめられればゲームクリア！

ページを見ずに、そのページに出てきた単語やその意味・調べて出てきた事実や言葉などを、簡単にまとめられればゲームクリアです。もし、「この単語が暗記できてなかったな」「この知識が抜けてたな」と感じる箇所が出てきたら、それを復習しましょう。

ココでワンポイント!
10分という時間を、しっかり活用しよう!

　10分という時間設定は、はじめのうちはとても長く感じるかもしれません。でも、理解すべきこと・調べるべきことはいっぱいあるはずです。**英単語であれば普段は読み飛ばしがちな発音であったり、辞書で類義語や対義語を調べたり。参考書であればそのページに書かれている用語の意味を調べたり、難しいと感じる箇所は他の参考書や辞書を使って調べてみたり。**意外と、やることは多いです。

　その上で、10分後にはテストが待っています。「いっぱい調べよう！」「全部覚えなきゃ！」と思うと、10分という時間はあっという間に感じられると思います。

　その上で、長い分には問題ないのですから、ゆっくりじっくりと読みましょう。

　この「ゆっくりじっくり」こそが「遅読（スローリーディング)」の真骨頂なのです。

このゲームを通して1ページ1ページの内容をすべて暗記しつつ、単語帳・参考書に書いてある以上のことを調べて自分のものにして、ゆっくりじっくり理解していけば、「速読」や「流し読み」をするよりもずっと多くのことを、効率的に暗記することができると思います。

「でも、1ページ10分なんて長すぎない？　やっぱり、ガンガン読み進めて行ったほうがいいんじゃないの？」
　なんて考える人もいるでしょうが、これに関してははっきり否定させていただきます。

　暗記は、量じゃないんです。質なんです。
　確かに、暗記量は多いに越したことはありません。でも、パラパラ読んで穴だらけの知識のまま試験に臨んだって、絶対に点なんか取れません。その単語・事柄を深く理解し、きちんと暗記して、質の高い暗記をすれば、その知識は完全に身に付きますし、いざという時にも活用することができます。これこそが、暗記のゴールなのです。

「うさぎと亀」の話はご存じですよね？　暗記は、うさぎのようにぴょーんとできるものではありません。亀のようにゆっくりじっくりやっていくことが重要なのです。

約30ページを15分ペラペラめくって読んでまったく暗記できなかった私は、このゲームで亀のように読んで暗記することを決めました。

　30ページを10分ずつ、5時間以上かけて、ついに1章分を暗記しました。

「お、終わった……！」

　うさぎでは得られない、素晴らしい達成感がありました。たった30ページでも、この内容は絶対に忘れないし、テストで聞かれても必ず答えられる自信がありました。

　みなさんもこんな風に、一度亀になったつもりで、このゲームを実践してみてください！　きっと、うさぎでは見られない景色が見られることでしょう！

≫ 応用編

参考書や単語帳を読むときに、余裕があれば「『なんでやねん』ゲーム（→112Pを参照！）」も同時にやってみて、その内容にツッコミを入れてみましょう。

LEVEL ★★★

あなたの好きな歌は、アニメは、ドラマは、英語だったらどうなるの?

トランスレーター体感ゲーム

SHOKYU　　　▶ JOUKYU
CHUKYU　　　　OUYOU

さて、みなさんが暗記を行う中で、一番暗記し難い分野はなんでしょうか?

これは人によって答えが違うと思います。「専門用語を覚えるのが一番苦手」という人も、「古典単語を覚えるのが一番面倒臭い」という人もいるでしょう。

でも、暗記するものが日本語でありさえすれば、実はある程度なんとかなったりするんですよね。

例えば「安全配慮義務」という法律の用語を覚えたいと思っても、この用語の意味ってある程度予想が付きますよね? 「安全に配慮する義務なんでしょ?」といった具合に。また、「あやし」という古典単語を暗記したいと思っても、「怪しいんでしょ? 奇妙なんでしょ?」という感じで単語の意味は簡単に想像がつくと思います。

大半の人が、日本語を母語として、産まれてからずっと使い続けているので、日本語でありさえすれば、馴染みは深いのです。だから、ある程度暗記もやりやすい。

問題なのは、英語をはじめとする外国語です。大半の人が母語でない言語には慣れていないのです。慣れていないから、暗記も難しい。はじめの質問ですが、海外で暮らした経験などない私は、迷わず「英語」と答えさせていただきます。おそらく多くの方が、「英語だ」「外国語だ」と答えるのではないでしょうか。

「じゃあ、外国語に慣れればいい」
　私はそんな風に考えて、英語の映画を見てみることにしました。『英語の学習のために、海外映画やドラマを見る』というのは、実は結構広く推進されていることです。確かにこれならば、英語に慣れることができそうですよね？
　でも、実はここにも大きな落とし穴があったりするのです。
「うわっ、喋るのはやいよ!!　なんて言ってるの!?」
「ちょっと待って今なんて言ったの!?　というかその単語どういう意味!?」

　英語の映画を見た自分は、こんな風にてんやわんやになってしまいました。たとえ字幕付きであっても、早口で話す人や独特の発音の人の言葉ってなかなか理解するのって大変なんですよね。しかもその表現の中には日常生活でしか使われない俗語や方言っぽいもの、スラングなんかも含まれています。辞書やネットで調べつつ見ないと、なんの話なのかまったくわからない、なんてシーンも多いのです。

「うう、もうなんだかよくわからなくなってきた……」

そんなわけで結局私は、時間だけをムダに使ってしまいました。

英語が得意な人、外国語に元から慣れている人なら、海外映画・ドラマを難なく見られるでしょうし、それでより高みに進めるのかもしれません。でも、大半の、英語や外国語に慣れていない人が見る場合、何を言っているのかよくわからず、骨が折れるだけでなにも身に付かずに終わってしまう場合が多いんです。

「どうしたら、無理なく英語に慣れ親しむことができるんだろう？」

そう悩んだ私は、試行錯誤の末、英語に慣れていない人でも無理なく、そして楽しく英語に触れられるゲーム式暗記術、**「トランスレーター体感ゲーム」**を作り出しました。

このゲームは、映画・ドラマ・アニメで行う場合と、歌詞・小説・名セリフで行う場合とで分かれています。

まずは映画・ドラマ・アニメで行う場合です。

トランスレーター体感ゲームのルール

映画・ドラマ・アニメ版

1 自分の好きな、映画・ドラマ・アニメを1つ選ぶ。

「英語字幕付き」と表記のあるものなら、日本語のものでも構いません。勉強にならなそうなものでも問題無いです。とにかく、自分が「これ好きそうだな」と思うものでいいので、選んでみてください。

2 そのビデオを、日本語音声のまま「英語の字幕付き」で見てみる。その際、なるべくどういう表現が使われているかをチェックする。

日本語音声で大丈夫です。「ああ、このセリフを、こんな風に英訳するんだな」とチェックしておきましょう。わからないところが出てきたら一時停止して辞書を使ってみましょう。ある程度チェックできたら、ルール3に進みます。

3 そのビデオを、「英語音声」で見て、その英語の内容が理解できればゲームクリア！

「今の英語って、日本語で言うところのこのセリフだよな」と理解できれば大丈夫です。英語オンリーで見て、その英語の内容が把握できれば、ゲームクリアです。

> **ココでワンポイント!**
> ## 聞き慣れない言葉はメモしておこう!
>
> 　ルール2の段階で、「このセリフが、この英訳と対応しているんだな」ということはある程度理解できると思います。しかし、どのように英訳されているのか、どのような単語が使われているかなど、実は色々調べて考えなければならないことはたくさんあるのです。その中には、聞き慣れない単語、普段目にしない表現も含まれていると思います。そういったものは、ルール3に進む前にメモしておきましょう。そのメモを後から見直すと、より一層の効果が期待できます。

　次は**歌詞・小説・名セリフで行う場合**です。

─ トランスレーター体感ゲームのルール ─

歌詞・小説・名セリフ版

1 **自分の好きな、歌詞・小説・名セリフを1つ選ぶ。**
　先ほどと同様、日本語で構いません。また、もし洋楽や英語の小説が好きならば、それを選んで日本語にしてみようとするのもアリです。

2 **歌詞や小説・名セリフを自分なりに英訳してみる。**

STAGE 3 現役東大生が教える「ゲーム式」暗記術〈上級編〉

辞書やネットを用いて構いません。とにかく、自分なりに訳してみましょう。

三 納得のいく訳ができたらゲームクリア！

はじめのうちは小説1冊や全部の歌詞を英訳するのは難しいと思います。そういう場合には、小説の中の一番盛り上がるところや、歌詞の中で自分の一番好きなフレーズなどを英訳してみましょう。

また、「どうしても、『正解』がないと実践できない！」という人は、ハリーポッターシリーズなどの英語版が手に入りやすい小説を選んでこのゲームを実践しましょう。

ココでワンポイント！
訳にも色々あるということを、体験してみよう！

例えば、「人間失格」をみなさんならどう訳しますか？

「失格」は英語で「disqualification」ですから、「disqualification of human being」でしょうか？ 確かに訳せているとは思いますが、「disqualification」はなんだか長ったらしいですし、この英単語は日本語で言ったら「スポーツなどで不正行為などをして出場権が無くなること」という意味での「失格」なのです。私は、どっちかと言ったら、「failure（落第者）」という言葉の方が、「人

間失格」の「失格」の意味が出ると思います。ですから私なら、「人間失格」は「failure of human being」と訳します。もちろん、正解はありません。実際に発売されている英語版「人間失格」のタイトルは「No Longer Human（もはや人間ではない）」です。「人間失格」という意味が出た、良い翻訳だとは思いますが、しかしこれも答えの一つでしかないですよね？「これ」と決まった、唯一の答えなんて、ここには存在しないのです。

　こんな風に、「馴染みのある日本語に、どういう英語訳が付くんだろうか？」と考えて、悩んでみる、ということが重要なのです。

　このゲームを実践することで、**「日本語」という「馴染みの深いもの」を取っ掛かりにして英語に触れ、英語に慣れることができるようになります。**

　その上で、「自分の好きなもの」を題材にしていいわけですから、「へえ、僕の好きなこのアニメの名セリフは、英語で言うとこうなのか！」「有名なあのフレーズは、こういう感じの英語になるわけね」なんて具合に、興味のあるものを取っ掛かりに英語への翻訳が体感できるわけです。

　ただ、「映画・ドラマ・アニメ版トランスレーター体感ゲーム」のルール２、「英語字幕付きで日本語の映画・ドラマ・アニメを見る」のところで、ビデオの内容に熱中しすぎるのはやめましょ

う。「いい話だった！　英語の学習とかどうでもいいや！」となってしまう気持ちはすごくよく理解できますが、ゲームとしてはアウトです。気持ちはわかりますが、頑張ってルール2・ルール3を実践してゲームをクリアしましょう！

> **》応用編**
>
> このゲームは英語だけでなく他の言語でも可能です。歌詞・小説・名セリフ版はもちろん可能ですし、その他の言語の字幕・音声がつけられれば映画・ドラマ版もできます。私も今、ちょうどドイツ語でこのゲームを実践中です。

▶「暗記ナビゲーション」!

　みなさんは、ネットで乗り換え案内を使ったことはありますか？　電車に乗るときに現在地と目的地を入力したら、そこに行くまでにどういう電車の乗り換え・乗り継ぎをすればいいのかが出てくる、アレです。

「何時何分に出るこの電車に乗ると、一番早く到着する」なんて具合に、詳細にわかりやすく「自分が辿るべき道筋」が理解できるから、かなり便利ですよね。自分もよく、「ここに行くにはどの電車を使うのがいいのかな？」なんて考えて、乗り換え案内を使います。

　これと同じことが、暗記でもあったら、便利だと思いませんか？
「英単語が全然暗記できていない！」という現在地と、「この英単語帳を覚える！」という目的地を入力すれば、そのためにどういう暗記をすればいいか出てくるシステムがあれば、すごく便利だと思いませんか？

　でも残念。そんな都合のいいシステムなんて無いんですよね。
　アスリートは、大会で勝つために技を磨きます。私たちも、試験で勝つために暗記を磨きます。でも、アスリートと私たちでは、決定的に違うところがあります。それは、「コーチがいない」ということです。アスリートであれば、「大会で勝つためにはこの

練習メニューを行えばいい」とアドバイスしてくれて、「ここがまだ弱いから、これを鍛える新しい練習を付け加えよう」と指導してくれます。しかし、私たちは一からどんな道筋を辿れば暗記できるかを考え、メニューを組み立てねばなりません。これが、暗記が難しい大きな要因と言えるでしょう。

　ただ、この本を読んでくれたみなさんは、実は暗記という目的地に向かうための「電車」は持っているはずです。そう、他でもない「ゲーム式暗記術」です。「英単語を覚えようと思ったら」、「一度間違えたものを復習しようと思ったら」、なんて具合に、ゲーム式暗記術はみなさんに多くの道筋を提供しています。問題は、これをみなさんがどう組み合わせるか、ということです。私には、乗り換え案内のように「何時何分にどの電車に乗ればいいのか」といったことを提供することはできませんが、「この駅からこの駅へ向かうには、この電車とこの電車を使うといい」といったことを提供することはできます。**暗記のナビゲーション**、ということで、今回様々なパターンで「電車」の組み合わせを用意しました。**これを用いて、自分の予定等と相談してスケジュールを組み、「暗記の乗り換え案内」を自分で作ってみましょう。**

《暗記ナビゲーション》

　出発；難しい試験が迫っている！

COLUMN

到着；時間をかけてじっくり暗記をして、点を取りたい！

---

1. 「遅読（スローリーディング）ゲーム」で、暗記したいところをじっくり読む。
2. ある程度読み進めたら、「予復習カウントゲーム」と「遅読（スローリーディング）ゲーム」を併用して、暗記したい箇所を復習しつつ読み進める。
3. 区切りがいいところで、「タイムカプセル暗記ゲーム」を行って、覚えたところを定着させながら暗記する。
4. 間違えた箇所は「暗記復讐帳ゲーム」で復讐帳に書いておく。
5. テストが近付いたら「タイムカプセル暗記ゲーム」のテストを解き直したり、「暗記復讐帳」を見返したりして、テストに備える。

出発；英語力が無い！
到着；英単語帳を1冊、暗記したい！

---

1. まずは「自分だけのスーパー単語帳改造ゲーム」で単語帳に書き込みを加えながら読み進めていく。
2. ある程度読み進めたところで「予復習カウントゲーム」を行い、復習しながら読み進める。
3. 覚えるのが難しい、と感じる単語は「イラストコンテストゲーム」と「語呂合わせコンテストゲーム」を行って暗記す

る。
4. 1冊読み終わった段階で、「自分だけのスーパー単語帳改造ゲーム」で×や△を付けた単語を、「カラーリングノートゲーム」でまとめる。
5. 「カラーリングノートゲーム」でまとめた単語を、「タイムカプセル暗記ゲーム」で暗記できたか最終テスト。

出発；試験1週間前！
到着；暗記がきちんとできているか確認しつつ、暗記できてないところは暗記したい。

---

1. 「メモリーチェックゲーム」で、暗記できていない箇所を洗い出す。
2. 暗記できていなかった箇所を、「作問コンテストゲーム」や「ひっかけ問題作成ゲーム」を行ってテストで出ても答えられるようにしておく。
3. 「タイムカプセル暗記ゲーム」で、試験の3日前にテストを作り、試験の前日に最終テスト。

出発；苦手な科目・分野の暗記をしなければならない。
到着；苦手科目だが楽しく暗記したい。

---

1. 「ひとやすみ暗記ゲーム」で面白い問題を作りつつ、単語カー

ドを作っていく。

2. 難しい用語などをチェックしておき、「単語神経衰弱／ババ抜き」でカードゲームをしながら暗記していく。
3. わからないところが出たら「なんでやねんゲーム」ですぐに調べて理解を深める。
4. 空き時間に「単語マジカルバナナ」で、連想しながら復習しておく。

いかがでしょうか？　もちろん、すべてこの通りにやる必要もありません。「このゲーム式暗記術も組み合わせられるんじゃない？」と思うものに関しては、自分流にアレンジして構いません。そうやって、良い「練習メニュー」が組めれば組めるほど、暗記できるようになるはずです。ぜひ、実践してみてください。

STAGE 4

現役東大生が教える「ゲーム式」暗記術〈応用編〉

SHOKYU
CHUKYU
JOUKYU
▶ **OUYOU**

このステージに登場するゲーム

- ▷ 4択問題必勝法!!「**4択問題間違い探しゲーム**」… 192
- ▷ 英語長文も評論文も第1段落ですべて決着!?「**1パラオンリー推論ゲーム**」… 197
- ▷ あなたは賛成？ 反対？「**英作文賛否両論ゲーム**」… 206
- ▷ これでどんなゲームにも勝てる!?「**勝率計算ゲーム**」… 215
- ▷ 一つの問題にたくさんの解答!?「**別解サーチゲーム**」… 227
- ▷ どんな勉強も意見と意見のぶつかり合い!?「**セルフディベートゲーム**」… 233

4択問題必勝法!!

4択問題間違い探しゲーム

SHOKYU CHUKYU　JOUKYU ▶ OUYOU

「4つの選択肢の中から正しいものを1つ選びなさい」。こんな4択問題に、みなさんも今までの人生で一度は出会ったことがありますよね？ **受験でも資格試験でもどんな試験でも、4択問題は頻出です**。一番オーソドックスな問題形式だと言えるでしょう。

しかし、**「4択問題の解答の出し方は、どんな場合であれ2種類存在する」**、という事実に気付いている人はもしかしたら少ないのかもしれません。

簡単な話です。「4択の中から正しいものを1つ選べ」、と問われた時、同時に実は「4択の中から間違っているものを3つ選べ」とも問われている、という話です。

「でも、正しいものは1つで、間違っているものは3つなんだから、正しい方を選ぶ方が楽でいいじゃん！」

確かに、楽ですね。1つだけ選べばいいんですから。

でも、私たちは試験で楽をしたいのではなく、1点でも多く点を取りたいはずです。試験本番で、もう一つのやり方で解答を確認することができれば、自分の答えが本当に合っているかを確か

められますよね？ もしこれで「どうしても間違いを指摘できない選択肢がある！」となった場合は、「選んだ選択肢が間違っているかもしれない」とミスを修正することにつながります。

こんな風に、4択問題のもう片側からのアプローチ、「消去法」のスキルを身につけられれば、点に大きく繋がるのです。

そんな「消去法」のスキルを鍛えるのがこの、**「4択問題間違い探しゲーム」**です。

4択問題間違い探しゲームのルール

1 4択問題を用意する。
センター試験の過去問でも資格試験の過去問でも、なんでも構いません。とにかく自分が勉強したい4択問題を1つ用意してください。ただし、問題に書き込みを行いたいので、書き込んでもいいものを用意してください。書き込みたくなければコピーを用意しましょう。

2 4択問題を解いてみる。この時、選択肢の中の間違いも指摘し、「どこが間違っているか」「どのように直せば、その選択肢が正解になるか」を書き込めるだけ書き込む。

STAGE 4

現役東大生が教える「ゲーム式」暗記術〈応用編〉

自分が正解だと思う以外の3つの選択肢の間違いを見つけた上で、何が間違っていてどうすれば正解になるかを考え、書き込んでみましょう。

例えば、「中大兄皇子が十七条憲法を作った」という間違った選択肢があった時に、「中大兄皇子→聖徳太子」と書く、といった具合です。

また、「十七条憲法には、仏教的要素は一切含まれていない」という間違い選択肢があったら、「仏教的要素は一切含まれていない→含まれている」と正しい答えを書き込みます。

解き終わり、書き終わったらルール3です。

■ **解説を見つつ◎付けをする。この時、自分の指摘した間違いも採点して、正しく指摘できていればゲームクリア！**

自分の「間違い探し」が正しければゲームクリア、ということです。もし間違った指摘をしていたら、そこは赤ペンで修正しましょう。先ほどの例で言えば、「中大兄皇子が間違いなことはわかったけど、聖徳太子じゃなくて蘇我馬子って書いちゃった！」となった場合には「中大兄皇子→蘇我馬子聖徳太子」と書いておく、ということです。

4.〔ボーナスステージ！〕赤ペンで、指摘した間違いと関連する事柄・人物等も書き込んでみよう！
例えば「聖徳太子」の横に「冠位十二階」や「推古天皇の摂政」「遣隋使の派遣」などと書いてみる、ということです。ゲームクリアできなかった間違いで重点的にこの作業を行えば、復習になります！

ココでワンポイント！
解きっぱなし、やりっぱなしはやめよう！

　このゲームを実践すれば、**「どこが間違っているのか」「何が間違っているのか」「どうすれば正解になったのか」「それと関連する言葉は何か」**など、さまざまな情報が一つになったちょっとした参考書ができます。

　これを活用しない手はありません。このゲームの後は何度か復習をしましょう（→復習に関しては「予復習カウントゲーム（→98Pを参照！）」）。

　このゲームを実践すれば、「消去法」のスキル、つまり選択肢を消す力が身につきます。このスキルは、実は試験において驚くべき効果を発揮するのです。

　例えば、難しい４択問題を解く時に、このスキルで２つの選択肢を消すことができたとしましょう。

「でもどうしても、この２択のうちどっちが正解かわからない！」

となった場合、しかしよく考えてみるとこの状況、「50パーセントの確率で正解が選べる状況」ですよね？

そう、「消去法」のスキルというのは、正答率をアップさせるという効果を持っているのです。２択まで絞り込んだ問題が２つあれば、当てずっぽうでも片方は当たっている確率が高いですよね？　**１点でも多く取りたい試験の場において、選択肢を消して正答率をアップさせるスキルは、命綱のように私たちのことを助けてくれるのです。**

その上で、自分が受ける試験の過去問を解く際にも、このゲームは大きな効力を発揮します。当たり前のことですが、過去問とまったく同じ問題が本番でも出る確率は少ないですよね？　しかし、過去問と類似の問題、それこそ過去問で出た間違った選択肢が正解になって出てくる、というのは往々にしてよくあること。だからこそ、「正解の選択肢のみを選ぶ」だけでなく、「間違いの選択肢がどうやったら答えになり得たのか」「それに伴う事柄はどういうものがあるのか」を指摘し、確認するこのゲームが非常に有効なのです。このゲームを実践していると、正解できた問題でも「この選択肢の間違いは指摘できなかったな」となるものは非常に多いです。もしかしたらこれが本番では正解になる問題が

出るかもしれないのに、それをスルーしてしまうのは非常にもったいないですよね？

　私も昔は、過去問を解く際には「正解選択肢を選べればいいや！」と考えて正しいものが見つかったら他の選択肢はスルーしていました。でも、それで点は伸び悩みました。**このゲームを実践し、3倍の時間を掛けて過去問を解くようになった途端、成績がぐんと良くなりました。** やっぱり、勉強って時間や量じゃないんだと思います。質のいい、効率的な勉強こそ、必要なんだと思います。

　このゲームを実践すれば、そんな質のいい勉強ができると思います。時間は、普通に4択問題を解くよりも掛かってしまうかもしれませんが、騙されたと思ってやってみてください。きっと、成績に直結するはずです！

>> 応用編

「別解サーチゲーム（→227Pを参照！）」と併用して、「間違いはここだけかな!?　他にもないかな!?」と考えてみましょう！　間違い探しがもっと上手くなります。

LEVEL ★★★★

英語長文も評論文も第1段落ですべて決着!?

1パラオンリー推論ゲーム

SHOKYU
CHUKYU

JOUKYU
▶ OUYOU

さて、ほとんどの読者の方が悩まされた経験があるであろう、「長文読解」の話をしたいと思います。

受験であれば英語・国語の試験でもっとも配点が高く、社会人であってもTOEIC・TOEFLなどの英語の試験やさまざまな資格試験で求められ、合格か不合格かを分ける重い問題。それが「長文問題」です。

英語の長文でも国語の論説文でも、難解な長文問題が解けるようにならなければ合格は見えてきません。しかし多くの人は、その分量の多さに圧倒され、その文章の長さに辟易し、その内容の難解さに嫌気がさしてしまいます。その上で、試験時間は限られていますから、素早く読んで理解できなければ点数がとれないですね?

「なんとか、長くて難しい文章を簡単に読めるようになるコツはないだろうか?」
「どうしたら長文を読むテクニックが身につくだろうか?」

多くの人が持つそんな悩みを解消するのが、この「1パラオンリー推論ゲーム」です。
　このゲーム式勉強法の紹介に移る前に、みなさんに1つ質問です。
**　長文の中で、一番重要な情報が書いてあることの多い段落はどこでしょうか？**

「やっぱり最後なんじゃないの？」
　確かに、最終段落では筆者が自分の論旨をまとめることが多いため、重要な情報が書いてあることが多いですね。しかし、一番最後から文章を読むことはできませんよね？　最後の段落だけ読んだって、文章は理解できません。そこで、**最終段落と同じくらい、重要な情報が書いてあることが多い段落である最初の段落（ファーストパラグラフ）を重点的に読むことが大切なのです。**

「え？　最初の段落なの？」
　と疑問に思う方もいるでしょうが、みなさんよく考えてみてください。
**　最初の段落というのは文章の方向性を決めているのです。** みなさんも、初めて会う人には必ず挨拶と自己紹介をしますよね？　それと同じように、最初の段落は、いわば筆者と読者のファーストコンタクトです。ここで筆者が何を言っているかを深く考え、理解できると、多くの場合その後の文章の方向性、結論が見えて

くるのです。

　このファーストパラグラフ〈1パラ〉から多くの情報を集め、文章を読みやすくするためのテクニックこそが、この**「1パラオンリー推論ゲーム」**です。

1パラオンリー推論ゲームのルール

1　長文の問題を1問用意し、初めの段落をじっくり読む。

はじめのうちは辞書などを使って構いません。とにかく、しっかり理解しようとしてみましょう。

2　その後でどういう展開になりそうかを想像し、書き出してみる。

初めの段落の情報をもとに、なんでもいいから続きを想像してみましょう。

例えば、「現代人はカメラを当たり前に使うけれど、それは本当にいいことなのだろうか？」という第1段落だったら、「ああ、きっとカメラのことを批判したいんだな」と考えて「カメラなんて使うな！」「カメラへの批判」といった風に書いてみる、ということです。

「どうしても第1段落だけじゃ推論できない！」という文章は、第2・第3段落まで読んでみて、「こうい

うことを言いたいんじゃないかな？」とわかりはじめた段階で書き出しましょう。

- **3 最後まで読んでみて、予想がどれくらい当たったかを確かめてみて、予想通りならゲームクリア！**
先ほどのカメラの例で言うと、「カメラを使わないで、みんな自分の目で見て感じようよ！ 写真なんてダメだよ!!」という文章が続いていた場合、「ああ、カメラへの批判なんじゃなくて、写真への批判だったんだな」と確かめる、ということです。そして、「写真への批判が続くかも？」とルール2で書いていればゲームクリアです。大体8割方想定が当たったら、ゲームクリアにしていいと思います。

ココでワンポイント！
ルール2で書き出す内容は、できるだけ多くしてみよう！

はじめのうちはコツが掴めないかもしれませんが、ゲームクリアのためのコツはルール2で予想をできるだけたくさん書き、「広い想定の幅」を持つことです。

カメラの例で言えば、「カメラへの批判の可能性もあるけれど、映像とか写真とかへの批判の可能性もあるかも」「芸術を、写真で見ないで生で見よう！ って続くかも」といった風に、**とにか**

くその先の展開の想定を広く持ってみましょう。1つでも当たれば、ゲームクリアです。

　このゲームは普段長文を読む時・長文の問題を参考書で解く時にも継続して実践して欲しいですし、また試験本番でもやってみて欲しいです。それで解けるようになる問題が、たくさんあるのです。

「でも、このゲームで本当に長文が読めるようになるの？」
「長文問題を読み解くことができるようになるの？」

　と考える人もいるでしょうが、では逆に質問させてください。「読みやすい文章・理解しやすい長文」とは、いったいどういうものでしょうか？
　例えば森の中で、自分がどっちに進んでいるのか、どこに向かっているかわからず、ただがむしゃらに歩いていては迷子になるだけですよね？　「あっちに目的地がある」「こっちには街があるはずだ」なんて具合に、方向性が定まっていれば迷子になることはありません。それと同じで、「こっちの方向に進むはず」「あっちが、この作者の言いたいことに繋がる道なはず」といった風に「先の方向性」がわかっている文章ならば、読みやすく・理解しやすく感じるのではないでしょうか。このゲームでは、その「先の方向性」を第1段落を読んだ段階で定めることができる

のです。

　その上で、先の展開の予測がついている文章ならば、内容が理解できない難しい文や言葉が出てきても「まあ、こういうことが言いたいんじゃないのかな？」と文脈で判断できるようになります。道が二手に分かれている森の中でも、「こっちの道の方向が、目的地の方向と一致している」という道があれば、正しい方を選ぶことができますね？　それと同じで、「どっちの解釈が正しいんだろう？」と悩む文が出てきても、「まあ、最終的に言いたいことはこういうことのはずだから、こっちだな」と判断できるのです。

　そして長文問題では、その「文脈が読めているかを問う問題」が非常によく出題されるのです。「本文の趣旨に合致するものを選べ」「この段落の内容のまとめとして適当なものを選べ」といった問題、どんな試験でも多いですよね？　こうした問題が、このゲームを通して解けるようになるのです。

　いかがでしょうか？　このゲームを通して、最初の段落から「先の方向性」「最終的な目的地」「文脈」を理解しやすくなり、そして普段から実践することで理解する力をつけることもできるのです。

さて、このゲームのクリアのコツは「ルール2で**とにかくさまざまな、できるだけ多くの想定をしてみること**だ」と言いました。このゲームを実践すれば実践するほど、多くの想定ができて、ゲームクリアもできるようになるのです。

　この「多くの想定」というのは、「下手な鉄砲数撃ちゃ当たる」というような、雑なものではありません。文章がどんな展開に進んでいったとしても、柔軟に対応できるような、「広い想定」を持つことができる、ということです。

　森がどれくらい入り組んでいるか・複雑になっているのかは、入ってみないとわかりません。でも、柔軟に対応する力があれば、その力が行くべき道筋を照らすライトの役割をしてくれるのです。

　例えば、「日本の庭とヨーロッパの庭は全然違う」という第1段落があった場合に、事前に「日本の庭を賛美する可能性もあれば、ヨーロッパの庭の方が優れているとする文章の可能性もある。または、『どっちもいいよね！』とか『どちらも、双方の死生観が反映されているんだよ』と結論づける可能性もあるな」と考えておけば、「日本の庭の方が優れていると結論付けるに違いない！」としか想定していない人よりも、深く文章を理解し、文脈も把握できるはずです。どんな文章が展開されるかはわかりません。わからないからこそ、狭い想定では翻弄されてしまいますよね？　広い想定を持っているからこそ、読解できるのです。こ

のゲームでは、「狭い想定」ではゲームオーバーになりやすく、「広い想定」の方がゲームクリアしやすいですから、実践すればするほど「広い想定力」を持つことができるようになるのです。

　そしてこのゲームは、言い換えるならば「筆者がどういう文章を展開するかを当てる」、筆者との真剣勝負です。このゲームで筆者に勝利できれば、きっと作問者にも勝てるようになります。頑張ってみましょう！

≫応用編

慣れてきたら、1パラを読んで想定を書いた段階で最後のパラグラフに飛び、想定が当たっていそうかどうかを確かめてみましょう！　スタートとゴールがわかれば、あとはそこに向かって走るだけ。サクサク読み進めることができます！

LEVEL ★★★★

あなたは賛成？ 反対？
英作文賛否両論ゲーム

SHOKYU　　　JOUKYU
CHUKYU　▶ OUYOU

はてさて、英語学習における最大の山場にして最大の関門、試験では配点が高い割に対策が難しく、ビジネスでも多くの場面で求められる割に苦手な人が多い、**多くの人の悩みのタネ、英作文の話をしたいと思います。**

2016年から英検の2級以上の級で英作文が課されるようになりました。受験でも近年、英作文を問う大学が増えています。**今後他のさまざまな試験でも、英作文の比重が大きくなっていくことでしょう。**

しかし、その学習は、一朝一夕にできることではありません。英作文といっても、「日本語があらかじめ与えられていて、英訳をする英作文問題」や「自分の意見を英語で述べる英作文問題」、「賛成か反対か、またその理由を英語で述べる英作文問題」など、問題形式も多様です。その上、問題の分野も政治・思想・文化など、多岐に渡ります。ですから、問題を解きまくればいいというわけでも、英語の構文や表現を覚えまくればいいというわけでもありません。

でも私は、英作文問題には共通して必須になる要素があると考えています。
　それは、「**できるだけ簡単な英文を書く力**」です。
　例えば私は昔、「『電話だと相手の顔色をうかがうことができない』という日本語を英訳しろ」という問題を解いたことがあるのですが、みなさんなら「顔色をうかがう」、どう訳しますか？
　恥ずかしながら自分は「『顔色』なら『face color』だな！」なんて直訳してしまいました。もちろん×です。こんな表現は存在しません。

「『顔色』は『face color』じゃないのか。なら、辞書で調べてみよう！」
　そう言って、辞書で「顔色」を引いたら「complexion」という単語が出てきました。「よし、これだ！」と思って今度はこれを解答にしてみたのですが、これも間違いでした。「complexion」は「血色」とか「顔の色艶」といった、『健康』の意味です。電話でうかがうのは『表情』の意味の「顔色」ですよね？　ですから、これもバツです。
「うう、これでもダメか。『顔色』なんて、どう訳せばいいんだ？」
　そんな風に難しく考えすぎてしまい、私はこの問題をなかなか解くことができませんでした。

　しかし、です。「顔色をうかがう」という表現は、辞書などを

まったく使わずに簡単に書くことができます。「顔色をうかがう」という言葉が、相手に伝わりさえすればそれでいいのです。ならば、「see their face（顔を見る）」で何の問題もないですよね？もっと詳しく、きちんと言いたいのであれば「facial expression（顔の表情）」と書けばいいのです。こんな簡単な表現で、正解になる訳です。

　英作文は、「日本語を英語に直す」だけでは、達成し得ないものです。
「難しく考えず、自分の知っている表現で、できるだけ簡単な英文を書く」
　この力が、英作文では重要になってくるのです。
　だいたい、日本語でも難しい言葉ばかりを多用して何が言いたいのかさっぱりわからない人よりも、簡単だけど理解できる言葉を使って言いたいことを伝える人の方が信用できますよね？　それと同じで、**中学生レベルの英語でもいいから、言いたいことがしっかり伝わる英文を書けばいいのです。**

「でも、そういう力ってどうやったら身につくの？」
「楽しく、できるだけ簡単な英文を書く力を付ける方法はないだろうか？」

　そんな風に思う人のためにあるのが、この**「英作文賛否両**

論ゲーム」です。

英作文賛否両論ゲームのルール

1 自由英作文の問題を1つ用意する。

問題は「賛成か反対か」「どちらがいいと思うか」など、二者択一のものでも OK ですし、「あなたはどう思いますか？」といった自由度の高いものでも構いません。

例えば、以下のような問題がオススメです。

「中高一貫教育がいいか、それとも中学と高校が分けられている方がいいか（早稲田大国際教養学部2016年）」

「あなたは18歳選挙権に賛成ですか、反対ですか？（東大1998年）」

「永遠に生きられたら人は幸せになれるか、否か？（早稲田大政治経済学部2014年）」

「喫煙を禁止すべきか否か？　（一橋大2014年）」

「世界平和は実現できるか否か？　（英検1級 2016年）」

2 友達と、この問題について賛成の意見・反対の意見を列挙し、日本語で議論してみる。

賛成の意見として何が考えられるか、反対の意見として何が考えられるかを2人で考えてみましょう。
例えば18歳選挙権だったら、
「老人だけが政治を動かすのは良くないよ、だってもし戦争が起こったときに戦場に行くのは他でもない、18歳頃の人なんだよ？」
「でも、そういう人たちは政治なんてよくわかってないじゃん？　というか、無関心だろう？　そういう人は選挙権が与えられても、投票になんて行かないと思うけどなぁ」
なんていう具合です。

3 意見がある程度集まったら、それを踏まえて賛成と反対に分かれて、英語で書いてみる。

「じゃあ僕は賛成意見を書くから、君は反対で書いてくれ」といった風に、お互いが違った意見同士で書くのが重要です。わからなかったり難しかったら辞書を使って構いませんし、文字数制限なども考えなくていいです。表現に自信がなかったら例文をネットや電子辞書で調べても大丈夫です。とにかく、しっかり1つの英作文を作ってみましょう。

4 完成したらお互いがお互いの文章を読み、文法10点満

点、内容10点満点で採点し、点数の高い方の勝ち!
文法の採点は、1つミスがあるごとに10点から1点ずつ引いていきましょう。3つミスがあったら7点、6つミスがあったら4点、といった具合です。
内容の採点は、「意味が通らない箇所」「内容が把握できない箇所」がいくつあるかを調べて、10点から1点ずつ引いていきましょう。表現が難しかったら辞書で調べてもいいですが、調べてもわからなければ点を引きましょう。もしあなたの英文読解力が低くてわからない箇所があったとしても、それはあなたが読みやすい英文を書いていない、相手の責任です。容赦無く、点を引いてください。

ココでワンポイント!
採点は、とっても力になる!

ルール4で自分たちで実際に採点してみた時、採点者が気付かなかった文法のミスは無視して構いません。

あとから2人の英文を英語の得意な第三者に見てもらい、意見をもらうことも力になるでしょうが、このゲームではあとから第三者が見つけたミスはカウントせず、その場で勝敗をつけます。こうすることで、「相手のミスを1つでも見つけてやろう」とお互いが躍起になりますね?

こうして相手の文法ミスをチェックする作業に慣れると、「ここって間違えやすいよな、自分はどうだろうか？」と自分も相手も間違えやすい部分がわかるようになります。英作文の「間違い探しのスキル」を身に付けることができるのです。

　このゲームには、英作文の力が付く要素がいくつも含まれています。
　まず、先に述べた通り、このゲームを通して「人に自分の英文を読んでもらう」ということをすれば、「自分の英文を読む相手が、理解しやすい英文を心掛ける」ことができるようになり、できるだけ簡単でわかりやすい英文を書く力がつきます。

「料理の最高のスパイスは愛情だ」、と言います。食べる相手のことを想えばこそ、美味しい料理が作れる、ということです。それと同じで、読む人のことを意識すればこそ、伝わりやすくて簡単な英文ができるようになるのです。その上このゲームでは、伝わらない英文を書けば容赦無く点が引かれますから、「簡単でわかりやすい英文を書かなきゃ！」という意識が育まれやすいのです。
　そして、『賛否両論』というところにも学習に繋がる要素があります。

　このゲームをすることで、賛成意見を書いた人も「へえ、反対

意見だったらこういう風に書くのか」ということがわかります。普通ならば一つの側面だけを考え、賛成の人は反対の立場の意見は考えませんし、その英文を見ることもないでしょう。でも、2人で賛成も反対も列挙し、意見を交換した上で、その相手が納得し得る反対側の意見をお互いが英語で書こうとするこのゲームならば、一面的な意見のみに終始すること無く、多角的に物事を捉え、さまざまな種の英文に触れることができるのです。こうした練習をしておけば、「確かにこういう意見もあるだろうが、しかしこうだと思う」なんて具合に譲歩を英文に入れることができるようにもなります。

さらに、**相手の文法ミスを指摘する「間違い探しのスキル」は、点数の向上に直結します**。試験では、短い時間の中で「自分の英文にミスはないだろうか？」と自分の英作文の「間違い探し」をしなければなりません。そんな時に「人がどこで間違いやすいか」を知っておけば、短時間でミスをチェックすることができるようになるのです。

さて、今私は家庭教師として受験生とこのゲームをしているのですが、教え子がこのゲームに慣れてきた段階で、ちょっとした意地悪をしています。

　私「ルール2はこれぐらいでいいね、そろそろ書いてみようか。賛成と反対どっちがいい？」

生徒「じゃあ、賛成が書きたいです！」
　私「うん、じゃあ反対で書いて」
生徒「えぇ!?」

　愛のムチです。自分が「書きやすそうだ」と思った側の意見ばかりを書くのではなく、「こっちは書きにくそうだな」と思う方をわざと書いてみるというのも力になるのです。

　みなさんも、たまには自分の書きやすい側と反対の意見に挑戦しつつ、このゲームを実践してみてください！　きっと、1人で英作文を学習する以上の多くの実りが得られます。

LEVEL ★★★★

これでどんなゲームにも勝てる!?
勝率計算ゲーム

SHOKYU
CHUKYU
JOUKYU
▶ OUYOU

はてさて、文系の鬼門にして苦手な人は徹底的に苦手、数学・物理・化学など受験で大きな比重を占め、社会に出ても簿記・公認会計士などさまざまな資格試験で求められる、**計算力**についてお話ししたいと思います。

計算が得意になるためには、とにかく実践しかありません。慣れれば計算スピードもはやくなるし、数をこなせばある程度のところまでは精度も上げられます。

でも、この「慣れる」というのが難しい。慣れていないからスピードも遅く精度も低いのに、慣れるためには嫌々でもとりあえず遅いスピードのまま計算しなければならないわけです。これは、なかなか大変ですよね。

私も、小学生時代から計算がとても不得意でした。まず私の計算嫌いは九九が暗記できなかったところから端を発し、筆算とか小数の計算とか細かい計算がどうも性に合わず、一生懸命計算しても間違いだらけで、小学生時代は本当に算数が苦手でした。

中学生になったら今度は『数学』という鬼のような科目が出現

し、計算が遅くて問題が解けず、テストで赤点を取りまくりでした。

　高校生になって文系を志望し、「これで数学から離れられる！」と思ったら東大は文系にも数学を課すので逃れられず。計算力のない自分は浪人生になっても散々数学に悩まされ続けました。

「なんとか、楽しく計算力を上げる方法はないのか？」
「ゲーム感覚で計算スピードを上げる方法はないか？」

　計算・算数・数学に悩まされ続けた自分は、ゲーム感覚で計算力を上げる方法を探し続け、そしてついに、計算力を上げるゲーム式勉強法を編み出したのです。
　それがこの、**「勝率計算ゲーム」** です。

勝率計算ゲームのルール

1 トランプを用意し、好きなトランプゲームを1つ選ぶ。
　ポーカーやブラックジャックがオススメです。どんなトランプゲームでもこのゲームは実践可能ですが、ちょっとコツも必要です（後述を参照）。

2 ゲームの途中で、自分の勝率や勝つ可能性の高い行動の確率を計算する。

例えば、3人でババ抜きをやっている時に、3人とも3枚ずつカードを持っていたとします。ババを持っていないあなたが、次のターンでババを引く確率はどれくらいでしょうか？　まず、あなたが手札を1枚引く相手がババを持っている確率は1/2ですね？　そしてその人の手札は3枚。仮にババを持っていたとしても、あなたがその中からババを引く確率は1/3です。つまり、次のターンであなたがババを引く確率は1/2×1/3＝1/6となります。

こんな風に、ゲームの途中で参加者全員で何かしらの計算をしてみましょう。

3 計算に基づいて行動し、その計算を元に勝てばゲームクリア！

計算上の最善策を取り、その計算を加味して行動して勝てばゲームクリアです！　ただ、ゲームですから「け、計算上は絶対勝てる勝負だったのに！」なんて番狂わせもあります。それすら楽しみつつ、ゲームをすればいいのです。

ココでワンポイント！
役の確率計算や相手の手札に特定のカードがある確率を計算しよう!

　このゲームは勝率だけでなく、「特定の役が作れる確率」や「特定のカードを引く確率」「対戦相手が特定の役を持っている確率」などなど、さまざまなことを考え、計算してみましょう。そうすれば、**どんなトランプゲームでも応用可能です！**

　ポーカーで言えばまずは自分の手札がどういう役にできる確率が高いかを計算したり、大富豪であれば4人で対戦する場合に4枚ペアを持っていて「革命」ができる人がいる確率を考えたり、ブラックジャックで言えばA（エース）を引いた後に次にカードを引いて、それで21になる確率はどれくらいなのかを考えたり、ダウトなら対戦相手がAを持っている確率を計算したり、といった具合です。

「そうは言っても、なかなか思いつかないよ！」という人のために、練習ゲームを用意しました。最初はこの練習ゲーム（217Pを参照！）から始めてみてください！

≫お勉強タイム！

○枚のカードの中から、×枚のカードをとる組み合わせの計算方法！

「確率の計算なんて難しそう！」と考える方もいらっしゃる

かもしれませんが、大丈夫です。簡単です。
ほとんどのゲームで計算するのが、「〇枚のカードのうち、×枚のカードをとる組み合わせ」なのですが、これ、コツさえつかめばめちゃくちゃ簡単です。この項目を読めば、誰でも計算できるようになります。

例えば、4枚のカード（ここでは1、2、3、4のカードだと思ってください）の中から2枚のカードをとる組み合わせの数を考えてみましょう。
「えっと、1のカードと2のカードの組み合わせと……」なんて考える必要は一切ありません。
まず、2つの箱（A箱とB箱）の中に4枚の中から1枚ずつカードを入れることを考えてください。

どういうことかというと、まず、4枚の中から1枚ずつ引くと考えます。そして、1枚目に引いたカードをAの箱に入れて、さらに2枚目に引いたカードをBの箱に入れる、ということです。難しくありませんよね？
では、Aの箱に入りうるカードは何枚ですか？　4枚の中から1枚選ぶので、4枚ですね。当たり前ですね。
じゃあ、Aの箱に1枚カードを入れたとして、Bの箱に入りうるカードは何枚ですか？　4枚のうち、1枚はもう箱に入っています。だから、3枚です。

Aの箱には4通りのカードが、Bの箱には3通りのカードが入りうるわけですから、掛け算して12通り、Aの箱とBの箱にカードが入る組み合わせがあるわけです。
「じゃあ、4枚のカードから2枚のカードをとる組み合わせの数は12通りなの？」
と思うかもしれませんが、一つ忘れていることがあります。Aの箱とBの箱、と先ほど言いました。でも、2つの箱にカードを入れる場合と、カードを2枚引く場合とでは、ちょっとした違いがあるんです。
なにかと言うと、Aの箱とBの箱の区別がつかないということです。
「1枚目に引いたカードを……」「2枚目に引いたカードを……」と言いましたが、手札のカードで「あっ、このカードは1枚目に引いたやつだ！」なんて意識しませんよね？　1枚目に引いたカードも、2枚目に引いたカードも、区別しないんです。
例えば、Aに1のカードが入っていてBに2のカードが入っている場合と、Aに2のカードが入っていてBに1のカードが入っている場合、この両者って、Aの箱とBの箱が区別できなかった場合、両方とも「1と2の組み合わせ」というだけで、違いがありませんよね？　それを、まだ先ほどの12通りの組み合わせでは考えられていないんです。
「えっ、じゃあ、どうすればいいの!?」

大丈夫です。AとBの箱の並べ方の組み合わせを考えて、12通りから割ればいいんです。つまり、1枚目と2枚目を区別していた分を全体から割って区別を無くせば、それで答えになるんです。

A箱とB箱の並べ方は2種類ですから、12÷2＝6で、4枚から2枚をとる組み合わせは6通りとなるわけです。

これが理解できれば、「○枚のカードのうち、×枚のカードをとる組み合わせ」はマスターしたも同然です。5枚から3枚をとるのなら、A・B・Cの箱を考えて、5×4×3＝60をしたあとで、A箱とB箱とC箱の並べ方の3×2×1＝6を割れば答え（60÷6＝10通り）になるのです。数がどんなに大きくなっても、これで計算できるはずです！

練習ゲーム！
ゲーム1 ブラックジャックの場合

●カード2枚で、21ができる組の数はどれくらい？

ブラックジャックでは、Aを11、J（ジャック）・Q（クイーン）・K（キング）を10として考えます。ですので、Aと10、AとJ、AとQ、AとKの4通りが答えになります。

●今、7のカードを2枚引いて、持ち札の合計は14！　次のカー

ドを引いて、21になる確率は？

「持ち札が14ということは、次は7を引けばいいんだ。だったら、7のカードは52枚のカードの中に4枚入ってるから4/52＝1/13だ！」なんて考えてはいけませんよ？　持ち札が両方とも7であるということは、山札にはあと2枚しか7のカードはないのです。

「じゃあ、2/52＝1/26だ！」

と考えるかもしれませんが、それも間違い。すでに2枚引いているんですから、山札は52－2＝50枚になっているんです。ですから、2/50＝1/25が正解です。

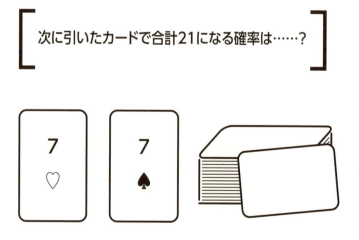

ゲーム2 ダウトの場合

●ジョーカーを2枚含んだトランプで6人でゲームしている時に、はじめにジョーカーを引く確率は？

「えーと、52枚＋2枚のカードを6人で割って、54÷6＝9だから、9枚のうちにジョーカーが含まれてる確率……？」なんて、深く考える必要はありません。同じ枚数、6人で分けているんですから、1/6×2＝1/3の確率で、ジョーカーをはじめに引くのです。

●ジョーカーのないトランプを使って、4人でゲームをしている時に、1人が「1！」といってカードを1枚出した。しかし、自分は3枚、1のカードを持っている。4人とも手札は13枚。どれくらいの確率で、「ダウト」だろうか？

「1枚しかない1のカード、1/52しか本当じゃない！ 答えは51/52に決まっている！」なんて考えるとゲームオーバーです。3人のうち誰かが1を持っているのだから、その人が1を持っている確率が1/3、よって答えは2/3です。

ゲーム3 ポーカーの場合

●はじめの手札5枚で、ロイヤルストレートフラッシュを引く確率はどれくらい？

同じ絵柄のJ、Q、K、A、10が揃えば、ロイヤルストレートフラッシュです。そう考えると、絵柄って4種類あるので、4通りのロイヤルストレートフラッシュが考えられますね？

その上で、ポーカーで引く手札の組み合わせって何種類あるんでしょうか？

言い換えると、52種類のトランプのうち、5枚を引く組み合わせを考えるわけです。**お勉強タイム！**でマスターしていますね？ 52枚の中からA・B・C・D・Eに1枚ずつ入れることを考えて、箱の並び方の組み合わせの数を割ればいいのです。（(52×51×50×49×48)÷(5×4×3×2×1)＝2598960通り）

そしてこれを分母に、4を分子において、4/2598960＝1/649740が答えです！

●はじめの手札で、1が3枚、2が2枚手札に来る確率はどれくらい？

1のカードは、絵柄は4種類あるので4枚あります。このうち、3枚を引く組み合わせは何通りでしょうか？ **お勉強タイム！**

でやった通りに計算すると、（4×3×2）÷（3×2×1）＝4 ですね。同じように、2のカードも4枚あるので、（4×3）÷（2×1）＝6となります。これを掛けて、4×6＝24、これが分子です。

そして、分母はさっきと同じで、2598960通り。24/2598960＝1/108290が答えです！

ゲームクリアできましたか？

いかがでしょうか？　このゲームの計算はかなり複雑なものも多いですが、はじめのうちは「これだったら計算できそうだな」と思うものを計算して構いません。慣れてきてから、「じゃあこの計算はどうかな？」と自分のペースで進めばいいのです。友達とトランプゲームをしながら、数学に慣れていくことができるのです。

センター試験の数学１Ａでは毎年、コインやカードを使った確率計算問題が出題されています。また、卑近なゲームの確率計算問題を入試で出題する大学は多いです。「トランプゲームの計算で力が付くの？」と考える人もいるでしょうが、こんな風に大学入試で頻出のテーマにもなっているほどに、計算力を問えて、その上発展させることができる、というのがこの勝率計算ゲームなのです。

実は東大も、この「勝率計算ゲーム」を試験で扱っているので

す。2005年の数学の問題で、「ブラックジャックで勝つ確率を計算しなさい」という問題が出題されたのです。

　この問題、東大の数学の中でも難しい部類に入るのですが、計算が苦手・数学嫌いの自分でも難なく解けました。なぜか？　ブラックジャックの勝率計算なんて、このゲームを通してずっとやっていた十八番だったからです。

　こんな風に、**このゲームを実践すれば、東大の問題すら解ける計算力・数学力を手にすることができます**。数学が必要な学生も、または計算力を鍛えたい社会人の方も、ぜひ実践してみてください。

> **》応用編**
>
> ジョーカー（ワイルドカード）を山札に入れておくと、計算がもっと複雑で計算しがいのあるものになります！　慣れないうちはジョーカーを使わず、慣れてきたら1枚、さらに慣れてきたらジョーカーを2枚、と増やしていけば、どんどん計算力がついていきます！

LEVEL ★★★★

一つの問題にたくさんの解答!?
別解サーチゲーム

SHOKYU　　　JOUKYU
CHUKYU　　▶ OUYOU

　こ こまで、『さまざまな問題にアプローチするための力のつけ方』について話をしてきました。でも、試験で点を取るためには、もう一つテクニックが必要です。今回は、そのテクニックについてお話ししたいと思います。

　まず、あなたが問題を解いて、答えを出したとします。その答えは、正解かもしれませんし、不正解かもしれません。
　では、この**出した答えが正解か否かをチェックする時、みなさんだったらどうチェックしますか?**
　もう一度、さっき自分が解いた解答のプロセスをなぞり、そこにミスがないかを確認するのでしょうか? 確かに、それは有効な手段です。そこで解答のプロセスにミスがあれば、修正できますからね。

　しかし、解答のプロセスそのものが間違っていたり、2重にミスがあった場合には対応できませんね? 「ミス発見!」といってそこを修正しても、本当はもっと根深いところでもう一つミスをしているかもしれませんし、ミスが1箇所だけとも限りませ

ん。「この問題のミスは全部修正したと思ってた！　こんなところでも間違っているなんて！」という経験、私には山ほどありますが、みなさんにもおそらくあるのではないですか？
　ならば、どうすればいいでしょう？　どうすれば、正解か否かをチェックできるでしょう？

　その答えは、**「その問題を、違う側面・違う方向性からアプローチして解いてみる」**ということです。例えば、数学の問題で三角関数を用いて計算して答えを出したものと、座標を用いて計算して答えを出したもの、両方の答えが同じであれば、「正解の可能性が高い」と言えるのではないですか？

　選択問題にしても、「間違っている選択肢を答えなさい」という問題で「Aという部分が間違っているから」という理由でその選択肢を選んだとして、「実はBも間違っているんじゃないか？　ここからもこの選択肢が間違っていると言える筈だ！」と考えられるのであれば、その選択肢が間違っている可能性はとても高いですよね？
　逆に、別の側面からアプローチして違う答えが出てきたのであれば、それはどちらかの答えが正解でどちらかの答えが不正解ということ。「じゃあどっちかが間違っているに違いない」なんて考えることができれば、正解にグッと近付きます。こうやって、「別解」を作ってみることでこそ、試験での点が上がるのです。

この、「別解」を作る力を鍛えるのが、この**「別解サーチゲーム」**です。

別解サーチゲームのルール

1 問題集・過去問の問題を1つ用意する。

一度解いたものでも構いません。どんな科目・分野のものでもいいので用意してみてください。

2 その問題の解答・解説を見た上で、「他の解き方はないかな？」「別の方向性から解けないかな？」と考えてみる。

つまりは「別解を考えてみよう！」ということです。はじめのうちは解説のうち〈別解〉と書いてある項目を見ないようにして、「この問題には別解があるらしい。どういう別解があるというんだろうか？」と考えてみましょう。慣れてきたら「解説に書いていない別解はないだろうか？　本当に解説に書いてある方法でしか答えは出せないんだろうか？」と考えてみましょう。

3 その「他の解き方」で、正解が導き出されればゲームクリア！

> 逆に、正解ではない答えが出てきた場合は、どこかであなたの別解のアプローチが間違っているということ。あなたのやり方で正解が導き出せるように、正解が出るまで頑張ってみましょう！

ココでワンポイント！
間違えてもいいから、とにかく別解を考え続けよう！

　それが本当の、王道を行く解答ではなく、「〈別の〉解答である」と烙印が押されている以上、何か難しいところとか、オーソドックスでない部分が含まれているのかもしれません。それでも、「このやり方でも解答が出るはずなんだ！」とがんばって考えることです。それが実は、すごく力になるのです（後述を参照）。

　先ほど述べたように、**試験本番で、さまざまな方法から答えが導けるようになっていれば、自分が解いた答えが本当に合っているかを確かめられます。**そんな**「別解力」**を、このゲームでは養うことができるのです。
　その上で、「別解を考え続ける」という行為には、大きな意味があります。
　先ほどの数学の問題の例で言えば、今回は**たまたま**三角関数を使うことで解けたのかもしれません。しかし、次にまた同じような問題が出てきた時に、同じように三角関数で解ける確証はあ

りませんね？ もしかしたら座標を用いて解く問題かもしれませんし、幾何学的なアプローチで解く問題かもしれません。

　他の科目でも同じことが言えます。例えば、「『〜する傾向がある』という意味の英語表現を答えろ」という問題で、「答えはtend to です」と模範解答に書いてあったとしても、「『be likely to（〜しやすい）』とか『be apt to（〜しがちだ）』も答えになりうるはずだ！」と考えておけば、「be likely to の意味を答えなさい」「be apt to の意味を答えなさい」という問題が次出た時に答えられますよね？ こんな風に、別解は、次に解答になり得る可能性を秘めているのです。

　そして、そんな「次の問題」にも対応できるようになるためには、「こういうアプローチも考えられるんじゃないか？」とさまざまに考える力が求められるのです。その力を鍛え、そして「次の問題」への予行練習を行うのが、このゲームなのです。

　私はこのゲームに、何時間掛けたかわかりません。私は負けず嫌いなので、「このアプローチでできるんじゃないか!?」「この方法でも解答が出せるはずなんだ！」とトライアンドエラーを繰り返しまくりました。

　そんな私のまわりには、何故か同じような人が集まるのです。「いやいや、この方向性じゃダメだよ！　こっちならできるはず！」と一緒になって考えてくれる友達が、私がこのゲームをする度いつも現れるのです。そういう人と議論して、試行錯誤して、

時にはぶつかりながら「別解」を探す時間が、私はたまらなく好きでした。

　そして今、勉強を教える立場に立っても、その楽しみは続いています。「先生、この問題ってこういう風に解けるんじゃないですか？」「こういう考え方でこの答えを出すことはできませんかね？」と、毎回のように生徒が私に問うのです。
「よし、じゃあ一緒にその方向性で考えてみようか！」と、決まって私は返します。生徒と「別解」を探しているのです。

　こうやって人と一緒になってこのゲームを実践すると、なんだか「別解」が「宝物」のように思えてきます。見つかった時には一緒になって喜んで、見つからなかったら一緒になって悲しんで。そうやって、「別解」以上の宝物を、私は手に入れたように思います。

　みなさんも、ぜひこのゲームを実践してみてください。そしてできれば、他の人も巻き込んでみましょう。きっと、宝物を手にできるはずです。

≫ 応用編

別解を取っておいて、後から復習する時にその別解も一緒に復習すると、よりこのゲームの効力が発揮されます！

LEVEL ★★★★

どんな勉強も意見と意見のぶつかり合い!?

セルフディベートゲーム

SHOKYU
CHUKYU
JOUKYU
▶ OUYOU

どんな勉強においてでも、どんな試験においてでも、共通して求められる力がある、と言ったら、みなさんはどう思うでしょうか？

「いやいや、そんな万能なもの、存在するわけないじゃん！」
と考える人が多いと思います。
しかし、どんな学習においてでも、どんな立場の人であっても、それこそ学生でも社会人でも、共通して求められる力があるのです。

それは、「ディベート力」です。

国語でも英語でも、数学の証明問題でも、そして小論文を書く上でも、基礎部分にあるのは「ディベート」、つまり「意見と意見のぶつかり合い」です。
評論文において、作者は「何か意見があるから」それを書いているわけです。ということは、裏を返せば「その意見に対立する何かがあるから」その文章を書いたということですよね？「み

んなこうだと思っているんでしょう？　うん。その通りなんだ！」だったら誰もそんな文章は読みません。「みんなこうだと思っているんでしょう？　実は違うんだよ！」という文章なら「え!?　そうなの!?」という意外性が生まれ、その文章を読んでくれるわけです。

　英語の文章もそうですし、数学の証明問題だって「この命題はこういう風に言っているけど、それって本当かな？」という反対意見あっての証明問題です。
**　一つの事柄には賛成意見もあれば反対意見もあります。光があれば、闇もあります。**歴史・地理だってそう。産業革命はイギリスに『世界の工場』と呼ばれるほどの工業力を与えたが、同時に長時間労働などの現在まで続く多くの労働の問題を生み出しました。ダムを作ることは、洪水などの水害をなくし、また水不足の解消につながるなどの多くのメリットがありますが、同時に多額の税金を使うし、また生態系の破壊などにつながるなどのデメリットもあります。

　そして小論文。今や小論文は受験だけでなく就活・公務員試験・司法試験など様々な場で求められますが、そこで必要となる力は反対の立場の人間を納得させられる文章を書くことではないでしょうか？　反対意見の人の考えも理解した上で「でも、こうではないでしょうか？」と自分の主張を展開することが求められて

いるわけです。

　どんな勉強でも、根底にあるのは「意見と意見のぶつかり合い」。勉強する側は、多角的に、つまりどちらかの意見だけに偏ることなく、物事を色々な視点から見る力が求められるのです。

　しかし、多くの人は「ディベート」や「議論」なんてする機会がほとんどありませんよね？

「そういう多角的なものの見方ができるようになるためにはどうすればいいのだろうか？」
「ディベートをやったことのない自分が、意見と意見のぶつかり合いに対応できるようになるためには、一体何をすればいいのだろう」

　そうした悩みを解消するのがこの、**「セルフディベートゲーム」**です。

セルフディベートゲームのルール

1 なんでもいいからとりあえず、1つの意見を学ぶ。
　ここで言う「意見」は、英語の長文や国語の評論文の内容、歴史の中の重要な考え方、または漫画やアニメ・ドラマの登場人物の思考や主張、なんでもいいです。

2 それについて、自分の思う賛成意見と反対意見、その主張を裏付ける事例やその主張に反する事柄などを列挙する。その際の賛成意見・反対意見は、自分にとってわかりやすいもので構わない。

時間的な制約は付けなくて大丈夫です。例えば、「It is not possible to understand other people's pain(人は、他人の痛みを理解することなんてできない)」という英文を習った時に、「確かに、僕は車にひかれたことがないから、車にひかれた人の痛みなんてわからないな」と賛成の意見を考えた後で、「あれ？　でも骨折とかって経験したことある人いっぱいいるじゃん！ 骨折の痛みとかなら、理解できるんじゃないかな」なんて具合に、自分にとって身近でわかりやすいもので構いませんから、とにかくいろいろあれこれ考えてみましょう。

3 書き出したものをノートにまとめておき、似たような考えや同じようなテーマが出てきた時にチェックできればゲームクリア！

先ほどの例で言えば、「共感は人間固有の美徳だ」といった文章が出てきた時にチェックできればゲームクリア、ということです。

> ココがポイント!
テーマは本当になんでもいい!

　まずは勉強している時に学んだ意見で実践してみましょう。
　例えば、「中国は二酸化炭素をたくさん排出している！ 地球温暖化につながるからやめさせるべきだ！」という評論文が出てきたときに、「でも、中国には貧しい人もいっぱいいるし、そういう人ががんばって工業をして貧しさから抜け出そうとするのを『ダメだ！』ということは言えないんじゃないかな？」と考えてみる、といった感じです。
　漫画やアニメ、小説の中で出てきた意見でも実践してみましょう。

「この漫画の悪役の思考は、主人公は間違っていると言ったけど、それは本当だろうか」「このミステリーの犯人はこういう動機で被害者を殺害したのか。確かに、被害者は殺されて当然のことをしたと考えられるな」なんて考えてみたり、「いや、それでも、この悪役はこういうことを見逃しているな。こういう点で間違っているな」「うーん、それでも、犯人はこうすれば殺人を犯すこともなかったんじゃないのか？　それに、どんな理由であれ、人を殺すのはよくないことだな」といった具合に、とにかく色々、深く考えてみましょう。

「こんなことをして、本当に成績向上につながるのか?」

と思う人もいるでしょうが、**このゲームを継続すれば、文章の読解力・文章の構成力が格段に上がります。**セルフディベートを通じて「いろいろな視点から物事を見る、多角的な視点」を持つことができるようになるからです。

では「多角的な視点」は、何の役に立つのか?
何もかもの役に立つのです。
先ほど述べましたように、勉強の根底にあるのは『意見と意見のぶつかり合い』。これを理解するためには、議論の焦点を知り、**偏ること無くさまざまな視点から物事を捉えることが必要なのです。**

また、文章を読む上でも、文章を書く上でも、この力は大きな効果を発揮します。例えば、賛成の意見だけを読んだ後で、「なるほど、じゃあこれはいいことなんだな!」と全面的に同意してしまっていては、反対の意見の文章が次出てきた場合には対応出来ませんよね? また、「これはとってもいいことなんです! 私たちの生活が良くなります!」とただただ一面的に肯定意見のみを述べるだけの小論文など誰も見てくれません。「この文章は正しいかもしれないが、こういう反論も考えられる」「確かにこの観点から言えばそうかもしれない。でも、こういう目線から見

たらどうだろう？　同じ結論になるだろうか？」と考える力があれば、どんな文章が出てきたとしても、どんなテーマのことを書く場合でも、対応できるのです。

「でも、漫画とか小説でこのゲームをやる意味ってあるの？　漫画とかで語られたテーマが試験で出るとは思えないよ」
　そう考える人もいるでしょうが、これも**「多角的な視点」**という見方で説明できます。

　例えば、ドラえもんが秘密道具に頼りっぱなしののび太くんに「道具に頼りっぱなしになるのはよくないぞ！」と忠告するシーンは、「発展途上国の貧困な生活を送る人たちに物資を与えるだけじゃなくて、経済的に独立できるように農業技術を教えたりすることも大事だ」という主張をする評論文に波及しますし、どこでもドアを使って南の島に遊びに行ったけれど、どこでもドアが壊れて帰って来られなくなって、のび太くんが「どこでもドアばかりに頼ってちゃダメだね」と言うシーンは「科学技術の進歩によって現代人の生活は便利になったけれど、思わぬところでその弊害が出ることもある」という内容の英語の文章に波及しうるのです。

　いかがでしょうか？　どんなに些細な事柄でも、私達から見て取るに足らないと思える主張でも、実は思わぬ形で、他の主張の

理解を助けてくれるものなのです。その上で、卑近な例であるからこそ、理解しやすいですよね？　多角的の「多」の中には、評論文で出てくるような見方ばかりでなく、アニメで出てくるような考えや言葉、意見も含まれていていいですし、逆にそれがあればこそ、見えてくる世界・理解できる事柄があるのです。

　さて、一つ自慢をさせてください。
　私はいつも生徒から「先生の授業は、いつも例えがわかりやすくて面白い！」と言ってもらえます。
　例えば、「道具とは、使う側によって善悪が左右される。ナイフは料理にも使うことができるし人を刺すこともできる」というような評論文の解説の時には、「『ドラえもん』でも、ジャイアンやスネ夫が秘密道具を悪用するでしょ？　あれと一緒だよ」と言って説明したり。世界史で「ヒトラーは『全体主義』といって、個人を『全体のために従属すべきもの』と定義し、ヒトラー自身を神格化することでドイツ国民をまとめあげた」と教える時に、「アイドルのライブで、神格化されたアイドルのもとに、ファンのみんなが一緒の踊りを踊るのと一緒だよ」なんて説明して、全体主義の思想をわかりやすくしたり。
　そんな風に、「わかりやすい例で説明してくれる！」と生徒から喜ばれます。
　でも、実はこれは、このゲームを通して、自分が思い浮かべた意見にすぎないのですよね。「多角的な視点」は何もかもに役に

立つ、と言いました。こんな風に、人に何かを説明する時にも、活きてくるのです。

　この「セルフディベートゲーム」を続ければ、どんな勉強をしていても、または漫画を読みながら、アニメを見ながらでも、自分の視野を広げられ、多角的な目線を持つことができます。ぜひ、実践してみてください。

>> 応用編

社会人の方は、小論文の問題を解く時にこのゲームを実践してみましょう。賛成意見を書く場合でも、反対意見を書く場合でも、両方の側の意見を頭に入れておけば、偏りのない深みのある文章が書けるはずです！

おわりに
絶望を吹き飛ばせ!「七転び八起

さて、ここまでご覧いただき、ありがとうございました。
いよいよ、最後の「ゲーム式暗記術」の紹介の時間です。
最後に、私の「最初のゲーム式暗記術」を紹介して、この本を締め括りたいと思います。

その紹介の前に、少しだけ私の過去の話をしたいと思います。
過去、と言っても、たった2年ほど前の話なのですが。

それは19歳の誕生日のことでした。
私はケーキを食べることを決意しました。
苺の、ショートケーキです。

実は、私はこのときになるまで、生まれてこのかたショートケーキを食べたことがありませんでした。
何度か食べたいと思ったことはあったのですが、踏ん切りがつかなくて。
小学校でいじめられたときも、中学校でいじめられたときも、高校で女の子に振られたときも。
受験生になって、成績が上がらず、受験ノイローゼになって、手が震えてペンが持てなくなったときも。
そこまで追い詰められて受験して、東大に落ちたときも。
何度も、「食べたいな」と考えてはいたんですが、実際に購入したのはこの日が初めてでした。そうそう、言い忘れていました。

きゲーム」

おわりに

自分は重度の卵アレルギーです。

それは19歳の誕生日のこと。
3月某日。2度目の合格発表の後。
東大に2回落ちた自分は、
ケーキを食べることを決意しました。
苺の、ショートケーキ。
卵が、ふんだんに使われているヤツです。

「なんだかちょっとした宴みたいだなあ」
　自分の机に並んだ卵を使った製品の数々をみて、私はそうひとりごちました。
　どれもこれも、今まで「食べたい」と思っても食べて来なかったものばかり。
「最後の最後にこんな楽しみが残ってるんだから、ひょっとしたら自分はすごく幸せなヤツなのかもしれない」
　どんな味がするのか見当もつかない卵製品を前にして、そんな心にも無いことを言ってみました。

　全てを賭けて挑んで、凡人のくせに一丁前に努力なんかしちゃって。

「東大に受かる」なんて、馬鹿みたいな夢なんか持っちゃって。
　1回ダメだったくせにもう1年、頑張っちゃって。

「本当、馬鹿みたいな人生だなあ」
　その言葉は、全てを賭けて挑んで負けた敗者の、心からの言葉でした。
こうやって、頑張っても何も変えられずに、取るに足らない凡人のままで、自分は消えていくんだな、なんて。
　そんな風に考えて。
ショートケーキを、口に運ぼうとして。

　プルルルル、と。ちょうど、電話が鳴りました。

「……すごいタイミングだなあ」
　そう言いつつスマホを見ると、友達のA君からの電話でした。
「もしもし」
　そう言って、スプーンを置いて電話に出ると、
「よう、生きてるか？」
　なんて声が聞こえてきました。
「いや、今まさにちょうど、ショートケーキを食べようとしてたところだけど」
　なんて私が答えると、付き合いの長いA君はそれだけで全てを

理解したようで、
「だろうと思った」
と言いました。
「驚かないの？」
「まあ、東大にまた落ちたって聞いて、そんなことだろうと思ってたからなー」
　緊張感なく、そんな風にＡ君は言います。
「で、別に止めるつもりはないんだけどさ」
「止めるつもりないのか」
　普通なら止めたりするのでしょうが、彼はそういう性格の人ではありませんでした。あっけらかんとしていて、それでいて達観している。自分は、そんな彼と妙に馬があったのでした。
「お前、財布の中身とかちゃんと全部使ったか？」
「あっ、使ってない」
「だろ？　お前そういうところ頭回んないよな。ショートケーキ食べる前に全部使っちゃわないと、パーっと」
「そう言われてみれば、そうだなあ」
　あまり考えていませんでしたが、そういえばまだ使っていないおこづかいがあるよな、なんて彼の言葉で気付かされました。
「それにお前、『友達のＡ君に僕のゲーム全部あげてください』って一筆書いてからショートケーキ食べないと」
「それはヤダ」
「えー、売って金にしようと思ったのに」

「売るんだ⁉ そこは形見にして大切にとっておいてよ⁉」
　なんてたわけた会話をして、お互いに笑いあった後で、彼は一言。
「笑えるじゃん、壱誠」
　なんて、言いました。
「笑えるんなら大丈夫だよ、『笑う門には福来たる』って言うじゃん？　なんかいいことあるんじゃね？」
　それに対して私は、
「……テキトーだなあ」
　と返しました。
「人生なんてテキトーなぐらいでちょうどいいんだよ」
　彼は、私のことを止めるのではなく。
　ただただ、思ったことを率直に述べているようでした。
「いいのかねえ、そんなテキトーでも」
「真面目すぎなんだよ、壱誠は」
「でも僕、２回も失敗しちゃったしなあ」
　２回、全力で挑んで、負けたならば。
　潔く散るのがいいんじゃないか、なんて。
　私は考えていたのですが。
「バカかよ、お前は。東大目指してるくせにホンット馬鹿なんだから」
　そんな思いは、彼によって打ち砕かれました。
「失敗しようが負けようが、そりゃ人生長いんだからそんなこと

もあるさ。人生なんてゲームの連続なんだから」
　テレビゲームがあって、カードゲームがあって、携帯ゲームがあって。
　模試というゲームがあって、入試というゲームがあって、資格試験というゲームがあって。
　恋愛というゲームがあって、就活というゲームがあって、仕事というゲームがあって。
「ゲームだらけだぜ？　人生なんて。1回や2回負けたからって、なんだってんだよ。いつものお前なら、『もう一回！』とか言って3回戦目を始めるくせに」
「……」
「お前らしくもない」
「……そうだなあ」
　彼の言葉は、沈んでいた自分の気持ちをふわりと空中高く放り出してくれました。暗い海の底では見えなかったものが、今なら見える気がしました。
「とりあえず、遊ぼうぜ？　遊んで、笑って、楽しんで、それからショートケーキでもメロンパンでもなんでも食べればいいんだよ」
「……ショートケーキもメロンパンも両方、今僕の目の前にあるんだけどさ」
「マジかよ、じゃあとでお前ん家行くから俺にくれ。悪くなる前に俺が食べる」

なんだか、彼と話していると、自分が悩んでいたことも何もかも、バカらしくなってきました。
「とりあえず、1年ぐらい好きなことやってみればいいじゃん？　ゲームとかさ。お前、大好きだろ？」
「……そうだな」
　よくよく考えてみれば。
　自分は確かに、彼の言う通り、ゲームが大好きなただのガキで、2回東大に落ちたのも、ゲームに2回負けた、というだけだったのでした。
「じゃあ、今からお前ん家行くから。……ああそれと」
「？」

「19歳の誕生日、おめでとう」

　なんて言って、彼は電話を切りました。
「……まったく、遊びに来るんだったら部屋片付けなきゃいけないじゃないか」
　山のような卵製品を前に、自分はそんな風にひとりごちました。
「……好きなこと、か」
　さて、僕は何が好きで、何がしたい人間なんだろうか、なんて。
　ゲーム以外で何かしたいことがあるかな、なんて。
　彼が来る前に考えておこう、なんて思って頭を悩ませている

おわりに

と。
　プルルル、とまたスマホが鳴りました。
「またあいつか？」
　なんて思いつつ番号を見ると、他の友達、B君からでした。
「もしもし？」
「お、西岡。お誕生日おめでとう」
「覚えててくれたのか、ありがと」
　B君は、予備校で出会った東大志望の友達でした。
「で、一応西岡には報告しとこうと思ってさ。俺、東大落ちたから、受かった私立大学に行くことにするよ」
「……そっか」
　彼が自分と同じように落ちたことは知っていましたが、でも私立大学に行くのは、少し意外でした。
「お前、本当に頭いいのに、なんだかもったいないな」
「はは、お世辞はいいよ」
「本心だよ」
　B君は、現役の時にあと２点で東大に落ちた人間でした。
「……ホント、お前が落ちるなんて、今回の東大の問題、やっぱりおかしかったんだよ」
　そう、また彼は、あと１点、というところで東大に落ちたのです。
「いやいや、俺が落ちたのは純粋に、俺の努力不足だよ」
　私は、自分の耳を疑いました。

努力不足、と彼は言ったのです。
「……お前が、それを、言うのか？　誰よりも勉強していた、お前が」
　彼は、そんなクラスで1番東大に近い男でありながら、クラスの誰よりも勉強していた人間だったのです。自分なんかよりも、何倍も。
　そんな彼が、それでも合格できなくて、
　それで出てくる言葉が、『努力不足』だった訳です。
　そして、彼はこう言うのです。
「俺よりもっと努力してたやつもいっぱいいたってだけの話だろ」
「……」
「俺は大学に入って、また新しく何かをはじめるよ」
　なんでこんなに彼は、前を向いて生きていけるのだろうか。
　彼より努力していなかった自分はショートケーキを食べようとして、自分より努力していた彼は、もう前を向いて違う道に進もうと新しい準備を始めている。
　自分は、なんてダメな人間なんだろうか、なんて。
　雷に撃たれた気分でした。
「西岡はどうするんだ？」
「……僕は、……」
　どうしよう？　自分は、どうしたいんだろう？
「……まだ、決めてない」

おわりに

「……そっか。ちゃんと考えて、決めろよ？」
「ああ。そうするよ、ありがとう」
　なんて言って、電話を切りました。

「……」
　電話を切ったあと、私はしばらく呆然としていました。
　自分と同じく、２回ゲームに負けて。
　２回とも自分より惜しくて、２回とも自分より努力して。
　負けても、次のゲームの準備をすぐにはじめた、彼。
「……ホント、すごい奴だよな」
　おそらく彼には、この先どんなことがあっても敵わないだろうな、と感じていました。

「西岡はどうするんだ？」
　そんなＢ君は、私にそう問いました。
「どうしようかね、Ｂ君。僕は、一体どうしたらいいんだろうね？」
「好きなことをやってみればいいじゃん」
　Ａ君は、私にそう言いました。
「そうだったね、Ａ君。好きなことを、すればいいのか」
　元気に生きているんだから、まだゲームオーバーじゃないはず。
　だったら、好きなことをすればいいんだ。やりたいことを、やればいいんだ。

「……ゲームと、東大」
　ふと、自分の口からそんな言葉が出てきました。
　少なくとも、自分のこれまでの人生の大半を占めていたのは、この2つ。
　そして今、自分の心にあるのも、この2つでした。
　ゲームがしたい。
　でも、東大も諦めたくない。
　勉強は嫌いで、暗記も嫌いで。
　それでも挑戦して、そして負けて。
　もう一度挑戦して、そしてまた、負けて。
「それでも、東大に、行きたい」
　2回も破れて、そしてもう、精も根も尽き果てていて。
　それでも、それでも諦めたくない。
「そうだ、ゲームをしよう。ゲームをして、東大にもう一度、挑戦しよう」
　勉強なんて大嫌い。暗記なんて大嫌い。それでも東大に受かりたい。
　それならば、ゲームをして東大に挑戦しよう。
「そう、これもゲームだ」
　ゲームをして東大にもう一度挑戦して、合格すればゲームクリア。不合格なら、その時はその時考える。
「そういう、ゲームをしよう」

おわりに

　これが、自分が「『ゲーム式』暗記術」を作り上げた、キッカケのゲームです。
　これを自分は、「七転び八起きゲーム」と名付けました。

ではいつもの通りに、最後のルール説明をさせてください。

1 失敗して落ち込んだ時に、自分が何をしたいのかを問い直してみる。
2 自分がしたいと思ったことを、全力でやってみる。もう一度挑戦したいなら、挑戦すればいい。もう無理だと思うのなら、違う挑戦をしてみる。
3 その挑戦が成功すればゲームクリア。失敗したら、ルール1からやり直してみる。

たったこれだけ。
いままでの、どの「『ゲーム式』暗記術」よりも単純ですね。
でも、たったこれだけですが、しかしこれが人生の全てなんじゃないかと、私は勝手に思っています。

　失敗することも、嫌になることも、絶望することも、あると思います。私だってこれからたくさん、そういうことがあるのでしょう。

でも、大丈夫です。だってそれは、ゲームに1回負けたというだけなんですから。2回戦、3回戦だってあるはずなんです。今は見えていないかもしれないけれど、絶対に、リベンジのチャンスはあるはずなんです。
　そして、絶望を味わったものにしか得られない幸福も、人生にはあるのではないでしょうか？　少なくとも私は、東大に1回も落ちたことがない人よりも、合格が嬉しかったという自信があります。
　7回転ぶなら、8回起き上がればいい。8回転ぶなら、9回起き上がればいい。
　100回転んだって、1000回転んだって、同じことだと思います。

「世界を変えろ」。私の大切な恩師は、私にそう言いました。転んで失敗して、泣いているだけで何が変わるのでしょうか？　立ち上がれない気持ちは、痛いほどわかります。それでも、前に進まなければ、きっと世界は変わりません。
「人生なんてゲームの連続だ」。私の大切な友達は、私にそう言いました。本当にその通りだと思うし、その通りだからこそ、きっと私たちは起きあがれるのだと思います。
「努力不足だったから、また違う形で努力して、新しい挑戦をする」。私の大切な友達は、私にそう言いました。そうあることができたならば、きっと私たちは大丈夫です。転んだって、起きあ

おわりに

がれると思います。

　難しく考えなくていいんです。暗記も、勉強も、試験も、そして人生すら、ゲームみたいなものです。ゲームだからこそ、何度でもチャンスはありますし、何度でも挑戦すればいいんです。そうすれば、きっと世界は変わる。そういうことを、私は3人の大切な人から学びました。

　だから、今度はあなたの番です。この「『ゲーム式』暗記術」を実践して、ゲームをして、失敗したらまた起き上がって。そうすればきっと、世界は変わります。

　私には、残念ながら、みなさんの世界を変えるような力はありません。そんなことは、きっと誰にもできません。
　みなさんの世界を変えるのは、みなさんです。

　この「『ゲーム式』暗記術」を武器に、是非ともあなたの世界を、あなたの人生を、変えてみてください！

[著者]
西岡壱誠（にしおか・いっせい）

東京大学2年生。1996年生まれ。東大輩出者ゼロの無名校でゲームにハマり、落ちこぼれ、学年ビリに。偏差値35の絶望的状況から一念発起して東大を目指すも、現役・一浪と、2年連続で、箸にも棒にもかからず不合格。崖っぷちの状況で「ゲーム式暗記術」を開発し、みるみるうちに偏差値が向上。東大模試第4位になり、奇跡の東大合格をはたす。現在は、かつての自分と同じような崖っぷちの受験生に、家庭教師として勉強を教えている。教え子の一人は、英語が絶望的な成績だったにもかかわらず、「ゲーム式暗記術」で、見事、東京外国語大学に合格している。大学では、東京大学で44年続く書評誌「ひろば」の編集長を務める傍ら、東京大学で25年の歴史がある「法と社会と人権ゼミ」のパート長も務めている。その他、学外では中小企業庁の事業「ふるさとグローバルプロデューサー育成支援事業」にも参加している。趣味はゲーム。テレビゲームはもちろん、スマホゲームからカードゲームまで幅広くプレイ。特に、高校生時代にハマった「女神転生シリーズ」は100時間以上プレイした。

著者エージェント：アップルシード・エージェンシー
http://www.appleseed.co.jp

超カンタンなのにあっという間に覚えられる！
現役東大生が教える「ゲーム式」暗記術

2017年4月5日　第1刷発行
2017年5月9日　第2刷発行

著　者──西岡壱誠
発行所──ダイヤモンド社
　　　　〒150-8409　東京都渋谷区神宮前6-12-17
　　　　http://www.diamond.co.jp/
　　　　電話／03・5778・7232（編集）　03・5778・7240（販売）
装丁─────坂川朱音(krran)
本文デザイン─清水真理子(TYPEFACE)
イラスト───坂木浩子
校正─────鴎来堂
製作進行───ダイヤモンド・グラフィック社
印刷─────堀内印刷所(本文)・慶昌堂印刷(カバー)
製本─────宮本製本所
編集担当───山下 覚

©2017 Issei Nishioka
ISBN 978-4-478-10234-3

落丁・乱丁本はお手数ですが小社営業局宛にお送りください。送料小社負担にてお取替えいたします。但し、古書店で購入されたものについてはお取替えできません。
無断転載・複製を禁ず
Printed in Japan